manual cristão da cultura POP

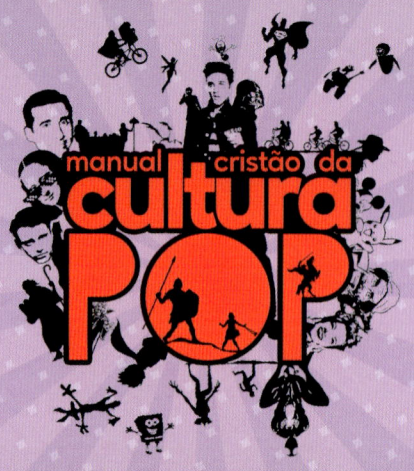

Direção Editorial: Sinval Filho
Direção Administrativa: Wilson Pereira Jr.
Direção de Marketing: Luciana Leite

Capa e Projeto Gráfico: Jônatas Jacob
Diagramação: Jônatas Jacob
Revisão: Janaina Marques Steinhoff

 @editoracemporcentocristao

 @edcemporcento

 @editoracemporcentocristao

contato@editoraceporcento.com.br (11) 4379-1226 | 4379-1246 | 98747-0121

Editora 100% Cristão - Rua Raul Torres, 41 - Osasco/SP - CEP 06028-060

www.editoracemporcento.com.br

Copyright 2019 por Editora 100% Cristão

Todos os direitos reservados à Editora 100% Cristão e protegidos pela Lei n. 9.610, de 19/02/1998. É expressamente proibido a reprodução total ou parcial deste livro, por quaisquer meios eletrônicos, mecânicos, fotográficos, gravação e outros, sem prévia autorização por escrito da editora. A versão da Bíblia utilizada nas citações contidas nessa obra é a Nova Versão Internacional (NVI) salvo ressalvas do autor.

Este livro é uma publicação independente, cujas citações a quaisquer marcas ou personagens são utilizados com a finalidade de estudo, crítica, paráfrase e informação.

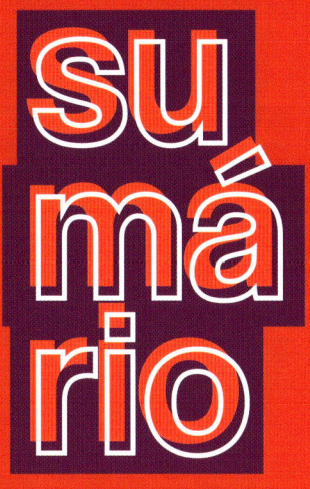

sumário

prefácio || 8
introdução || 10

parte 1 **cultura**

o que é cultura? || 17
o que é arte? || 19
o que é cultura de massa? || 23
o que é cultura popular? || 27
o que é cultura pop? || 29

parte 2 **cosmovisão**

fé e/ou razão || 36
veredito || 42
inspiração || 50
o que é cosmovisão? || 56
cosmovisões em conflito || 62
cristianismo vs. pós modernidade || 66

parte 3 **ação**

a força da força || 71
sagrado vs. profano || 78
cultura e igreja || 82
consumindo cultura pop || 88
mandato cultural || 94
chamado cultural || 98

conclusão || 103
testemunho || 105
glossário pop || 112
bibliografia || 119

prefácio

Conforme a Bíblia, o lazer e o divertimento são vitais para o equilíbrio espiritual, físico, mental e emocional de qualquer pessoa. O descanso não é um acréscimo à nossa rotina, mas parte vital da mesma. Na contemporaneidade, a cultura pop, além de trazer entretenimento e opções variadas para o lazer, oferece uma interface com inúmeras possibilidades para o testemunho cristão. Este é o assunto deste livro de meus amigos Richarde Guerra e Sinval Filho.

Davi Lago

Ambos têm as credenciais necessárias para tal empreitada. Primeiro, por serem conhecedores genuínos dos meandros da cultura pop. Eles não são simplesmente gente que percebeu o grande potencial da economia criativa. Muito pelo contrário. Richarde Guerra, por exemplo, esteve envolvido nos principais eventos da cultura pop nas últimas décadas, sobretudo na capital mineira, onde no final dos anos 1990 se estabeleceu o FIQ, Festival Internacional de Quadrinhos, e também a Casa dos Quadrinhos, duas frentes basilares para a cena brasileira contemporânea. Já Sinval Filho, paulistano aficionado por quadrinhos desde a infância, fez surgir a única empresa brasileira especializada em cultura pop cristã, a Editora 100% Cristão, uma experiência tão corajosa ao ponto de publicar a primeira revista em quadrinhos evangélica com a Turma da Mônica, para mencionar apenas o exemplo mais emblemático.

Em segundo lugar, ambos são cristãos de verdade e amam ao Senhor Jesus, levando a sua palavra por décadas a fio. Antes de criar a Editora 100%, Sinval Filho esteve à frente da Associação de Editores Cristãos, criando diversas ações para a indústria cultural do livro cristão, como a FLIC (Feira Literária Internacional Cristã) e as últimas participações em conjunto nas Bienais do Livro. Ele ainda esteve ministerialmente na liderança nacional e internacional de jovens da Igreja Metodista por diversos anos, pregando o avivamento, liderando e até mesmo fundando uma jovem agência de missões transculturais. Formado em Teologia e Comunicação Social, com MBA em Gestão de Empresas, Sinval Filho personificou a batalha de produzir uma genuína cultura pop cristã em nosso país e até fincou estacas em uma das edições da Comic Con XP, principal evento de cultura pop do Brasil.

E eu tive a honra de ser ministrado por Richarde Guerra várias vezes. Ele é pastor na Igreja Batista da Lagoinha, comunidade vibrante que se destaca como um dos pontos de virada no protestantismo brasileiro. Liderada pelo pastor Márcio Valadão, a Lagoinha emergiu do movimento de renovação carismática que sacudiu as igrejas batistas no Brasil nos idos dos anos 1960 e 1970. Consolidou-se mundialmente como um polo de treinamento de missionários, musicistas e ministros de louvor. Richarde esteve envolvido em todos estes percursos como membro, professor e articulador cultural. Além de professor de química em instituições como o Colégio Batista Getsêmani e o antigo Colégio Cristão, quando já escrevia sobre as relações entre a Bíblia e a química com uma didática diferenciada, permeada de quadrinhos e fanzines.

Em terceiro lugar, em um tempo que a nossa atenção é dividida entre as últimas novidades dos youtubers e nas redes sociais, Richarde e Sinval são pioneiros no estabelecimento de pontes entre fé cristã e a cultura pop. A parceria de ambos rendeu

reconhecimento como vencedores do Prêmio Areté e finalistas do Troféu HQ Mix, pela roteirização e produção da graphic novel Eclesiástico, e também da sua versão em jogo, que foi co-produzido por uma das maiores referências da indústria lúdica brasileira, a Estrela. E, como já mencionamos, a "cereja do bolo" dessa parceria foi o lançamento do Devocional Turma da Mônica, junto com o criador dos personagens mais famosos da história da cultura pop brasileira, Maurício de Sousa. Agora, essa dupla dinâmica nos presenteia com este livro instigante e tão necessário, que explana de forma simples, objetiva e sucinta a relação da fé cristão com a cultura. Divirta-se e aprenda com quem entende do assunto.

Boa leitura!

introdução

Nós vivemos num tempo em que a tecnologia da informação atingiu patamares incomparáveis com qualquer outra era. Estamos aptos a conversar com pessoas do outro lado do mundo em fração de segundos por meio das redes sociais. A informação nunca esteve tão disponível, e o mundo se tornou bem menor. Em poucas décadas, as relações sociais mudaram radicalmente. Do ponto de vista da história, tudo aconteceu, acontece e acontecerá muito rápido. Basta pensarmos que há cem anos viajar a outro país era uma verdadeira aventura, que dependia de longas travessias terrestres ou marítimas. E uma aventura bem restrita a um pequeno universo de pessoas privilegiadas.

Hoje, em que pese as desigualdades sociais, uma parcela grande da população tem acesso à internet e pode pedir uma passagem aérea em poucos cliques. Naquele mesmo tempo, as informações chegavam somente nos impressos como os jornais, ou ainda pelo rádio. E mais uma vez, uma parcela menor da população mundial tinha condições de ler ou acompanhar o "noticiário" como o conhecemos. Atualmente, dar uma espiadinha no seu portal de notícias favorito se tornou tão rotineiro quanto comer alguma coisa quando se está com fome. É quase certo que você já fez isso no dia de hoje, antes de nos acompanhar nessa leitura.

Esse "caldo" tecnológico permitiu que a cultura popular encontrasse o seu veículo perfeito para ganhar força, expandindo-se de forma eficaz e agressiva. Mais adiante falaremos melhor a respeito do que significa a cultura popular, mas talvez nem devêssemos considerar que existisse cultura popular sem os meios de comunicação de massa. E, enquanto o mundo se transformou rapidamente, observamos que uma parcela significativa de cristãos buscou se opor integralmente a esta realidade e as suas potencialidades. O fenômeno não é novo, pois desde que o cristianismo surgiu existe o dilema de como enfrentar o mundo, segundo o imperativo de Jesus Cristo em João 17:

> "Agora vou para ti, mas digo estas coisas enquanto ainda estou no mundo, para que eles tenham a plenitude da minha alegria. Dei-lhes a tua palavra, e o mundo os odiou, pois eles não são do mundo, como eu também não sou. Não rogo que os tires do mundo, mas que os protejas do Maligno. Eles não são do mundo, como eu também não sou". (João 17:9-16)

É necessário compreender que mundo é esse ao qual Jesus se refere. Afinal, popularmente uma boa parte dos cristãos associa a palavra "mundo" a tudo aquilo que não pertence à Igreja e a família da fé. Preferimos entender que o mundo descrito na Bíblia, no contexto de João 17, era simplesmente um sistema de governo, ideias, pensamentos e comportamentos que não agradam a Deus. Esse entendimento está em plena concordância com a exortação de Paulo aos Romanos:

> "Portanto, irmãos, rogo-lhes pelas misericórdias de Deus que se ofereçam em sacrifício vivo, santo e agradável a Deus; este é o culto racional de vocês. Não se amoldem ao padrão deste mundo, mas transformem-se pela renovação da sua mente, para que sejam capazes de experimentar e comprovar a boa, agradável e perfeita vontade de Deus". (Romanos 12:1-2)

Ou seja, por essa leitura, é somente no campo da mente e do padrão de vida adotado que podemos nos distanciar do sistema do mundo. O isolamento físico não traz por si só a santificação, até porque não importa o esconderijo que você se refugie, no final do dia terá que lidar consigo mesmo novamente. Esse ideal de isolamento é perseguido desde os primórdios do cristianismo. Enquanto muitos ainda esperavam a volta de Jesus "para ontem", houve uma forte influência do sistema de valores helênico (ou grego), adotando o dualismo do corpo versus a alma. De forma bem simplificada, o corpo representaria tudo aquilo que é terreno, e consequentemente inferior, de menor valor. Já a alma seria o depósito de tudo aquilo que é mais elevado, como a inteligência e os sentimentos. Ou seja, por essa tese furada, bastaria isolar o corpo que estaria tudo resolvido!

A mania de satanizar o corpo e as coisas terrenas chegou ao "auge" no período medieval (entre os séculos V e XV), quando surgiram diversos mosteiros e uma certa "teologia monástica". Apesar das boas intenções, o fato é que este ideal se tornou insustentável mesmo naquela época, quem dirá nos dias atuais. Sem minimizar a importância da solitude, que é a disciplina de ficar a sós com Deus, o simples ato de adotar um *lockdown* do mundo exterior não nos torna mais santos – ao contrário, com a dificuldade de compreender o mundo exterior fica difícil imaginar qualquer condição para evangelismo, por exemplo.

E sim, contraria o pedido de Jesus, para que estejamos inseridos no mundo. Afinal, como veremos adiante, essa inserção é a única forma de redimi-lo e transformá-lo à luz dos valores do Reino de Deus. Por toda essa herança, não é à toa que há um olhar superficial e muitas

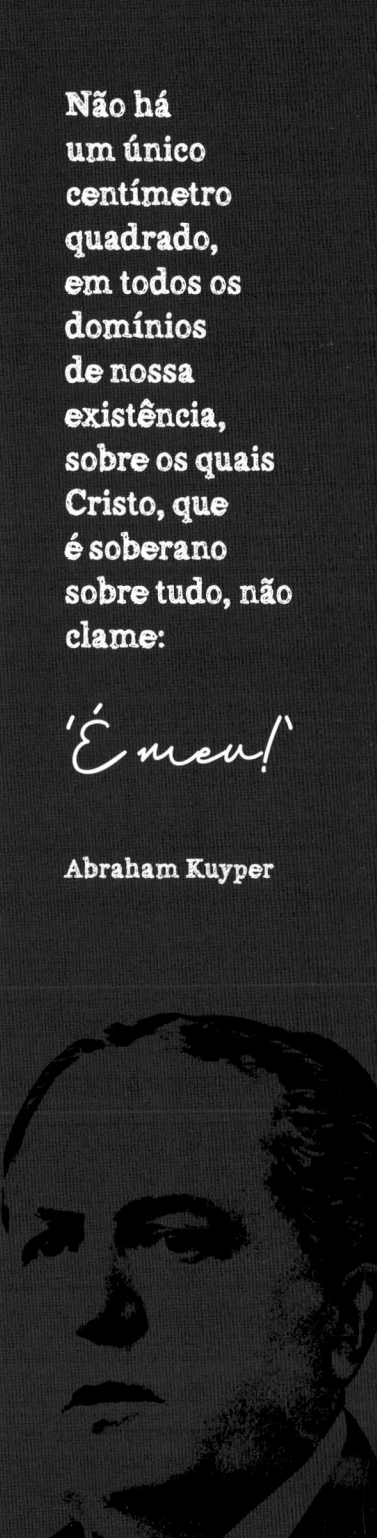

Não há um único centímetro quadrado, em todos os domínios de nossa existência, sobre os quais Cristo, que é soberano sobre tudo, não clame:

'É meu!'

Abraham Kuyper

vezes preconceituoso sobre o fenômeno da cultura pop em uma parte expressiva do público cristão, dissociando completamente a fé da cultura. Ou criando a tal "cultura do gueto", em que apenas aceitamos um produto cultural se esse for taxado de gospel. Nada muito diferente da mencionada Idade Média, em que toda a arte que não era produzida com viés religioso era vista como profana.

Assim, estamos criando um abismo cada vez maior com a nova geração do século XXI. Não conseguimos entender seu dialeto, as suas preferências e intenções, e até os seus sabores. É preocupante, e pode ser irreversível se não formos capazes de encontrar o equilíbrio no desafio da esfinge:

"Decifra-me ou devoro-te."

Por outro lado, você que faz parte desta nova geração bombardeada com todo esse conteúdo pop vindo das redes sociais, TV, revistas, entre tantos outros veículos, precisa saber lidar com tudo isso sem cair na armadilha do pecado ou da culpa. A Bíblia nos ensina a reter o que é bom, e certamente tem muita coisa boa neste universo, muita coisa proveitosa e muitas oportunidades.

Já adiantamos a você caro leitor, porém, que este livro não tem a pretensão de esgotar o assunto, ser um compilado acadêmico ou teológico, muito menos trazer uma abordagem definitiva. Pelo contrário, tudo nos leva a crer que, em um futuro não tão distante, deverá surgir alguma edição revisada, atualizada, corrigida e ampliada. Você sabe, neste universo frequentemente o tempo e o espaço não são exatamente um problema..

Mas se você deseja algum aprofundamento, não deixe de consultar a bibliografia que recomendamos, diversas citações ou conceitos abordados neste livro tiveram estes materiais como fonte, que certamente enriquecerão ainda mais a sua formação.

O nosso intuito com essa obra é trazer algumas definições básicas que ajudarão os curiosos e 'simpatizantes', aqueles que tem dúvidas ou querem entender o mínimo sobre cultura pop, e ainda os que já são do ramo, mas que podem encontrar aqui um importante apoio para "traduzir" a linguagem pop, geek ou nerd para o dialeto dos seres humanos mortais.

Ah, e também porque como produtores de cultura pop cristã a gente quer muito que todas as pessoas saibam o que afinal significa "geek" rs.

cultura

Definições sobre o que significa e o que representa a cultura e a arte para a humanidade, e qual o impacto da cultura pop para os nossos dias.

o que é cultura?

A palavra **cultura** é derivada de *colere*, do latim, que significa "cuidar de", "ação de tratar", "cultivar", nesse caso, cultivar a mente e os conhecimentos. Originalmente, era ligada à atividade agrícola, o que não deixa de ser uma poética metáfora. Segundo os dicionários, é o conjunto dos conhecimentos ou instruções adquiridos, bem como o conjunto dos hábitos sociais e religiosos ou das manifestações intelectuais e artísticas que caracterizam uma sociedade. Por exemplo, a cultura inca ou a cultura helenística. Mas podem ser também as normas de comportamento, saberes, hábitos ou crenças que diferenciam um grupo de outro. E ainda se traduz como a expressão ou o estágio evolutivo das tradições e valores de uma região, num período determinado. Sem contar o desenvolvimento das faculdades naturais, o apuro, a expressão de elegância etc.

Ou seja, podemos afirmar que o conceito de cultura é muito amplo e abrange praticamente todas as áreas da sociedade.

A UNESCO, organismo das Nações Unidas destinada às questões de educação cultura e ciências, define cultura como "**um conjunto de características distintas espirituais, materiais, intelectuais e afetivas que caracterizam uma sociedade ou um grupo social**". Esse entendimento engloba, além das artes e das letras, os modos de vida, os sistemas de **valores**, as **tradições** e as **crenças**.

A cultura é tanto parte do DNA de uma comunidade particular como também da humanidade vivendo em sociedade. É por meio dela que a identidade de um grupo se expressa da forma mais espontânea e transparente. Os seus símbolos e rituais deliberados ou autômatos dizem o que aquelas pessoas pensam, valorizam e buscam, quais são seus anseios.

Muitas vezes a cultura é transmitida de forma oral ou escrita, seja em qual meio for. Esse amalgama de pensamentos e tendências vai passando de pai para filho por gerações, permeando todo o tecido social: nos núcleos familiares, nas escolas, ambientes de trabalho etc. Enfim, se você quer entender um povo é muito importante que tenha uma razoável experiência de imersão na cultura dele. Mas também chegamos na sua relação com a arte.

Ambas estão totalmente conectadas, pois se a cultura é o conceito mais amplo, a arte é o veículo de expressão. Por meio dela, podemos diferenciar, apreciar e conhecer as diferenças entre uma cultura e outra. Em outras palavras, a arte reflete a cultura de um povo e por isso é tão fascinante perceber o quanto ela influencia as expressões artísticas de modo geral.

o que é arte?

A palavra **arte** é derivada da palavra em latim *ars*, que significa "técnica" ou "habilidade". O seu significado original está ligado às artes manuais, ao ofício ou habilidade de fazer uma obra, no seu sentido mais amplo. Com o tempo, o conceito recebeu um belo *update*, para significar toda atividade humana de ordem estética, com o intuito de estimular a percepção, emoções e ideias de sua audiência. Aliás, a estética nos remete a uma outra definição muito rica, descrita pelo filósofo holandês cristão Rookmaker: **a arte é a beleza produzida pelo homem**.

Mas esse é apenas um dos múltiplos conceitos. A arte também pode ser definida como a livre manifestação do ser humano, para expressar suas emoções, história e cultura. O que inclui aquelas gravuras desenhadas nas cavernas primitivamente, como também engloba o primeiro rabisco que uma criança faz em casa, para delírio dos seus papais... Assim, a arte sempre tem como fruto um objeto ou expressão artística externa, cada um deles tendo um

"A arte é a beleza produzida pelo homem". —Rookmaker

significado singular. Ou seja, ainda que a arte tenha por essência a relação com o belo (ou estético), quase sempre a arte se refere a um propósito maior do que a simples "arte pela arte". Por isso, os teóricos atribuem à arte três funções principais, que descrevemos brevemente abaixo:

▶ **Utilitária (ou pragmática).** É quando o foco é totalmente na mensagem que ela pretende transmitir. Por exemplo, um rap produzido como forma de protesto contra o racismo. Independentemente da excelência técnica, o objetivo da arte utilitária é servir de veículo para a comunicação da mensagem. A mensagem é mais importante do que o meio ou a forma.

▶ **Naturalista.** Nessa função, o objetivo da arte é apresentar-se o mais próxima possível da realidade do espectador, tornando o conteúdo de fácil compreensão. Não é exatamente uma representação da realidade, mas de uma realidade cujo significado seja claro para quem vê. O meio importa, tanto que podemos tomar como exemplo as produções cinematográficas, que buscam construir um cenário "realista", seja ou não uma ficção.

▶ **Formalista.** É a tal "arte pela arte", pois o objeto artístico não tem outra função senão existir por si mesmo. O foco é no apelo estético, na transmissão e na expressão das ideias e emoções, valorizando mais a experiência sensorial e elementos visuais como textura, harmonia, cores, técnica empregada etc. Um exemplo clássico é a famosa Mona Lisa (Gioconda), de Leonardo Da Vinci. Não há mensagem ou representação da realidade, a obra existe só porque ele queria que gerações de pessoas refletissem apenas sobre um sorriso...

Além de suas funções, a arte possui algumas formas ou expressões, acrescidas ao longo dos séculos. Juntamente com o surgimento do termo "belas artes", a primeira lista "oficial" aludia somente a quatro artes: Arquitetura, Escultura, Pintura e Gravura. Posteriormente, o filósofo alemão Hegel ampliou a listagem, adaptando-a, com seis tipos de artes: a Música, a Dança, a Pintura, a Escultura, a Arquitetura e a Poesia. Já em 1923, o intelectual italiano Ricciotto Canudo lançou o "Manifesto das Sete Artes", reclassificando alguns conceitos, criando uma espécie de numeração e incorporando o cinema como a indispensável sétima arte. E olha que a indústria cinematográfica ainda estava na era muda. Mais recentemente, a essa lista foram adicionadas outras quatro expressões artísticas – e certamente várias outras derivadas poderiam ser mencionadas.

Expressões artísticas

1. Música (som)
2. Dança (movimento)
3. Pintura (cor)
4. Escultura (volume)
5. Teatro (representação)
6. Literatura (palavra)
7. Cinema (elementos das artes anteriores)
8. Fotografia (imagem)
9. Histórias em quadrinhos (cor, palavra e imagem)
10. Arte digital (artes gráficas computorizadas e programação)
11. Jogos eletrônicos (som, cor, palavra, artes gráficas computadorizadas e programação)

"A arte é necessária para que o homem se torne capaz de conhecer e mudar o mundo. Mas a arte também é necessária em virtude da magia que lhe é inerente"
—Ernst Ficher.

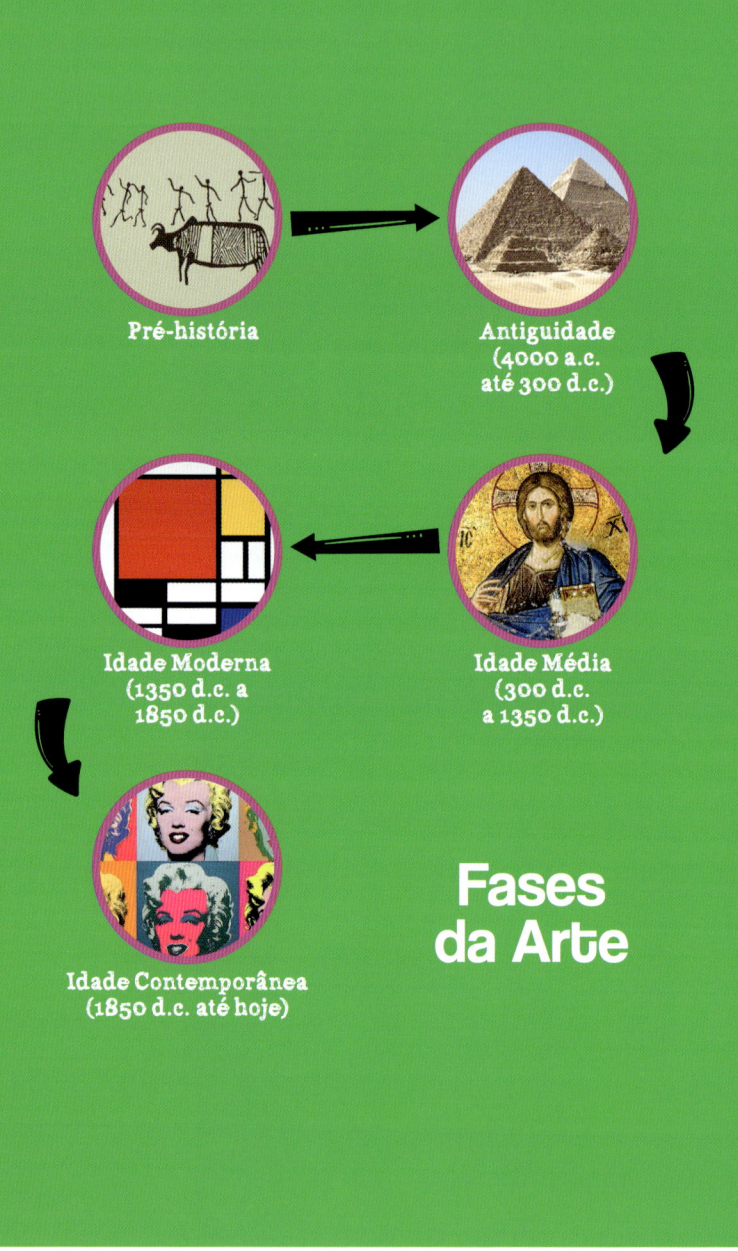

o que é cultura de massa?

Cada época e contexto social possui a sua cultura, e talvez se quisermos pensar em produção cultural artística, seria mais correto classificar o que existiu por milênios como uma produção de alta cultura ou erudita. Afinal, vivemos em uma era sem precedentes em toda a história humana, e seria impreciso comparar a produção cultural atual com outros momentos históricos.

Para muitos teóricos, a alta cultura ou cultura erudita é o depósito da mais elevada produção artística da sociedade, que posteriormente chamamos de clássicos. Eles se evidenciam pelo rigor técnico, importância histórica e influência. Entre muitas outras obras, nessa categoria se classificam os escritos dos dramaturgos gregos, passeando pelos afrescos do renascentista Rafael, ou ainda as peças teatrais de Shakespeare. Estamos falando de produções que até hoje são estudadas e referenciadas, ainda que por poucos, produzidas em sua época como "pops" de uma elite para uma elite, pois a imensa camada da população não tinha o menor acesso. Vale recordar que, até o século XIX, sabe-se que a esmagadora maioria da população adulta não era alfabetizada. Segundo a UNESCO, em 1820, apenas uma em cada 10 pessoas maiores de 15 anos sabia ler e escrever. Em 1930 era uma em cada três. Hoje, a porcentagem chega aos 85% no mundo todo. Que salto gigantesco!

Agora, imagine se havia uma "cena cultural" nos séculos anteriores, como na Idade Média, ou ainda nos tempos de Jesus. Além de uma minoria letrada, naquele tempo, o que havia de mais popular era a velha e boa tradição oral. Somente com o surgimento dos meios de comunicação de massa é que houve a 'democratização' do acesso a produção cultural propriamente dita, e consequentemente o surgimento da cultura de massa e a indústria cultural, que precedem o fenômeno da cultura pop.

Esses meios nascem como resultado direto da Revolução Industrial, que aconteceu entre os séculos XVIII e XIX. Naquele momento, enquanto a Europa começava a modificar radicalmente o modo de vida rural e mercantil de todo o planeta, substituindo-o pelo estilo de vida urbano e capitalista, houve diversos avanços tecnológicos, que permitiram adotar uma escala industrial na forma de se comunicar. A informação que até então chegava somente a centenas de pessoas, logo chegaria a centenas de milhares ou até milhões de pessoas, de uma só vez. Assim, na década de 1940, os filósofos alemães Theodor

Adorno e Max Horkheimer criaram os conceitos de cultura de massa e indústria cultural.

Essa indústria passa a criar produtos culturais que possam se comunicar ao maior número de pessoas possíveis. Por isso, a linguagem é simplificada, a duração é limitada e o formato muito bem pensado para gerar o maior lucro possível. E, assim como em qualquer indústria, para o público consumir mais é necessário que novos produtos sejam lançados, rapidamente descartando os anteriores. A roda gira e proporcionalmente só uma pequena fração é lembrada.

O advento dos meios de comunicação de massa permitiu que essa indústria florescesse e diminuiu gradativamente as distâncias e as diferenças entre os povos. Primeiro, surgiu o jornal e toda a mídia escrita, depois o rádio trouxe um impulso muito grande na comunicação à distância. Mas então veio o cinema e a televisão, que massificaram ainda mais o acesso à cultura. Por fim, a internet acabou com praticamente qualquer fronteira ou distância, tornando disponível ao alcance das mãos todo e qualquer tipo de informação – ou comunicação.

Por um lado, esse acesso indiscriminado trouxe novas oportunidades, mas por outro também trouxe muitos desafios para os usuários. Agora ter a informação deixou de ser um diferencial. **O êxito é determinado por quem sabe selecionar o oceano infindável de informações disponíveis.**

Marcos da comunicação de massa

 Jornal periódico – 1602

 Fotografia – 1826

 Telégrafo comercial – 1844

 Linha de Telefone – 1860

 Sala de Cinema – 1895

 Emissora de Rádio – 1919

 Televisão regular – 1936

 Internet – 1970

 Computador doméstico – 1981

 Celular comercial – 1983

 Surgimento da Web – 1991

o que é cultura popular?

É preciso distinguir o que significa cultura popular e cultura pop. A cultura popular é descrita como uma produção artística autêntica, sem a interferência da indústria cultural, como resultado da criatividade e esforços próprios de uma camada da sociedade. Não raras as vezes, surge com limitações técnicas e é a expressão livre do artista. Em outras palavras, é a produção cultural "raiz".

Acontece que, assim que um fenômeno da genuína cultura popular desponta, ainda mais nos tempos atuais de repercussão instantânea, é muito provável que a indústria cultural se aproprie e crie uma produção artística massificada. Então, já não podemos mais chamar de cultura popular. Um bom exemplo disso é o carnaval. Sem fazer qualquer juízo de valor, no passado era uma festa genuinamente popular. Com a apropriação da indústria, na maior parte do país tornou-se uma profusão de mega eventos, obedecendo não à lógica do "povo", mas dos diversos interesses econômicos envolvidos.

Outra confusão é porque, por exemplo, costumamos chamar um estilo musical de MPB, a tal música popular brasileira. Pode até ser popular, mas não podemos chamar de cultura popular genuína, nesse sentido que aqui explanamos.

Ou seja, cultura popular é uma coisa, cultura de massa é outra. A cultura popular, assim como a cultura erudita, pode inclusive ser bem marcante e durar por gerações. Já a cultura de massa se caracteriza por gerar frutos bem mais efêmeros. A linha é tênue, já que a indústria cultural tem o poder de reembalar, reaproveitar e reinventar muita coisa, tornando até *cult* ou clássico aquilo que não era anteriormente. O filme Blade Runner que o diga.

Aquilo que é considerado popular hoje e atrai multidões, provavelmente em algum ponto futuro pode ser apenas uma triste mancha na história da arte... ou quem sabe, aquilo que hoje não foi compreendido ou até mesmo fracassou como empreendimento cultural, pode tornar-se uma décima segunda arte.

o que é cultura pop?

E finalmente chegamos à joia da coroa, ao *crème de la crème* e aquilo pela qual todos esperávamos! Afinal, o que é a cultura pop? Vamos só voltar um pouquinho à nossa linha do tempo...depois que os meios de comunicação "bombaram", no pós Segunda Guerra Mundial, houve um movimento artístico chamado *pop art*, inicialmente ligado às artes plásticas. A *pop art* não pode ser chamada de cultura popular, mas uma abordagem da mesma feita pelos seus artistas. Ironicamente, criticava a própria cultura de massa e o consumismo que ela promovia, se apropriando de elementos dessa própria cultura, da publicidade, televisão, cinema e até dos quadrinhos. Um dos mais conhecidos e ícones do movimento é o americano Andy Wharl, imortalizado pela sua famosa representação da Marilyn Monroe.

Uma característica interessante desse movimento, que se tornou conhecido a partir da década de 1960, é que se propunha a romper com as barreiras entre a arte e a vida no ambiente urbano. Eles questionavam as "castas" existentes na arte, entre cultura popular e erudita. Talvez poderíamos dizer que eles queriam criar uma espécie de "cultura popular erudita", ressignificando o conceito. A sua influência ultrapassou as artes plásticas, gerando repercussão em outras expressões efervescentes para a época, como o cinema e a televisão. Mas o destaque estava para a música – em poucos anos, artistas e bandas como Elvis Presley, James Brown, Beatles e Rolling Stone despontavam.

E esses ícones de fato conseguiram "quebrar a barreira". Por isso, vamos tomar o exemplo da "Beatlemania" para nos ajudar a conceituar melhor o que é cultura pop:

1. A cultura pop é também uma cultura de massa. O seu alcance é global e midiático. A sua propagação é grande e contagiosa, sem qualquer limite geográfico. Pelo menos por um tempo, a sua reprodução parece *ad infinitum*. Os Beatles não foram a primeira banda a fazer sucesso, mas uma das primeiras a fazer um sucesso em escala global. Não importa em qual hemisfério ou país estivesse, nem mesmo a sua idade ou condição social, na década de 60 você saberia cantarolar uma música dos Beatles.

2. A cultura pop é falada em todo o canto, de todos os jeitos, por todos os canais possíveis. Se você vai gostar? Eu não sei, mas com certeza vai ouvir ou ler a respeito. Para o bem ou para o mal, o que é cultura pop estará nos *trending topics*. E a vida do artista será também contada, recontada, monitorada... Numa era pré-internet, havia uma tonelada de informação saindo em revistas, nas rádios e na TV a respeito de cada um dos Beatles. Quem eles são? Onde vivem? Do que se alimentam?

3. A cultura pop necessariamente tem engajamento: certamente com a obra, frequentemente também com o artista. Se não tem engajamento, pode ser outra coisa, mas não é cultura pop. O consumidor de certa forma é protagonista, tanto que hoje as grandes empesas escrutinam as preferências do seu público. A indústria do cinema, por exemplo, faz testes e mais testes com a audiência. O famoso Snyder Cut do filme Liga da Justiça é o ápice desse processo – refazer um filme depois de lançado porque havia uma demanda dos fãs. Mas voltemos novamente aos Beatles. O nível de envolvimento era tão absurdo que se consumia absolutamente tudo sobre a banda, antes, durante e depois das turnês. O público engajado alimentava, elevava e impulsionava a banda. Até hoje impressionam as imagens dos fãs ensandecidos durante os shows.

> "O que chamamos realidade é apenas o senso comum de nossa cultura. Ignorar outras culturas é estar cego para outras realidades"
> — Alan Moore

> "Cultura é o ciclo que o indivíduo percorre para chegar ao conhecimento de si próprio"
> — Soren Kierkegaard

4. A cultura pop gera produtos e influências derivados. Com essa força de escala global, naturalmente diversos produtos surgem do produto artístico original. Um personagem de quadrinhos vira desenho animado, que vira cinema, que é adaptado para jogo de videogame, que daqui a pouco está estampando suas almofadas e camisetas...as possibilidades são infinitas. Em geral, há um grande apelo de produtos para o público essencialmente jovem, mas como veremos adiante, essa faixa etária é cada vez maior. O exemplo dessa máxima é o lançamento de Star Wars, em 1977, considerado o primeiro grande *blockbuster*, que inaugurou o licenciamento baseado nos filmes de cinema. Os Beatles foram pioneiros em menor escala, mas sua influência foi notada até no comportamento dos fãs, que reproduziam o corte de cabelo, o jeito de vestir e até os gostos e gestos dos artistas.

5. A cultura pop embaralha as diferenças entre imagem e realidade, reprodução e original. Os ícones da cultura pop frequentemente vivem e se tornam a imagem que conhecemos deles. Basta recordar a história de inúmeras e diversas personalidades, que não raro terminaram de forma trágica e retroalimentam o próprio mito dos grandes personagens que eles

foram, como a princesa Diana, Ayrton Senna e Michael Jackson. Ou ainda John Lennon. No imaginário popular que envolvem os ícones pop, é difícil distinguir ficção e verdade, fato ou lenda. Os fenômenos da cultura pop fazem mais sentido se pensarmos, mais uma vez, que é a participação e percepção do público que predominam. No fim do dia, eles não são o que são, e sim que o público quer que eles sejam.

6. A cultura pop é superficial em seu conteúdo, mas muito mais acessível por ser de fácil compreensão. Ao ler os livros de Nicholas Sparks, por exemplo, você não encontrará qualquer profundidade ou algum tratado sobre relacionamentos amorosos. Mas com certeza terá muita emoção e, se for mais sensível, derramará algumas lágrimas. Essa característica com certeza você pode aplicar para todos os *best sellers* de ficção lançados nos últimos anos. Ou até mesmo nos livros motivacionais de não ficção. E não é um demérito, até porque podem ser tecnicamente impecáveis, mas apenas uma constatação de que os produtos que fazem parte da cultura pop terão esse viés de simplificar, sensibilizar, encantar e atingir em cheio a sua audiência, de preferência a mais ampla possível. Para alcançar esse objetivo, a receita é simplificar a vida de todo mundo, entregando um produto mais fácil de ser consumido. Os tratados e estudos têm o seu público cativo, mas jamais se tornarão cultura pop.

7. A cultura pop tem a velocidade supersônica. O fenômeno cíclico da cultura pop só tende a acentuar-se, pois a velocidade em que as informações circulam, a sede pelo próximo viral e a própria máquina do *mainstream* que produz cultura pop, são elementos que se somam, multiplicam e fazem com que você literalmente esqueça o que aconteceu no verão passado.

8. Finalmente, mesmo que tenhamos citado muito a arte e as expressões artísticas, os fenômenos da cultura pop não estão necessariamente são ligados a um produto cultural. Eles podem ser quaisquer manifestações culturais, e como sabemos, englobam a sociedade como um todo. Pode ser um símbolo, um meme, uma imagem. Vale tudo. A cultura pop viraliza e potencializa em notícias, sons, imagens, e outras manifestações aquilo que já está de certa forma popularizado.

Então, como podemos sintetizar o que é a cultura popular? A cultura pop é aquela consumida pelo maior número de pessoas em sua época, incorporando os seus elementos à própria cultura daquele povo (e vice-versa), por intermédio dos meios de comunicação de massa. Por isso, é interessante imaginar que memes seriam gerados dos textos de Shakespeare, se fossem lançados hoje? Ou ainda será que criariam, para desespero do Mozart, uma versão pop funk de suas músicas? E quantos milhões (ou bilhões) de page views Houdini teria com suas lives?

A gente nunca terá essas respostas, mas uma coisa é certa: aquilo que é produzido e se torna cultura pop certamente afeta a vida de todos nós, em maior ou menor grau. Ignorar isso seria loucura. E um baita desperdício, perderíamos a oportunidade de, frente a esse fenômeno irreversível, colocar as lentes do Evangelho de Cristo, e ainda criar autênticos fenômenos da cultura pop cristã.

parte 2

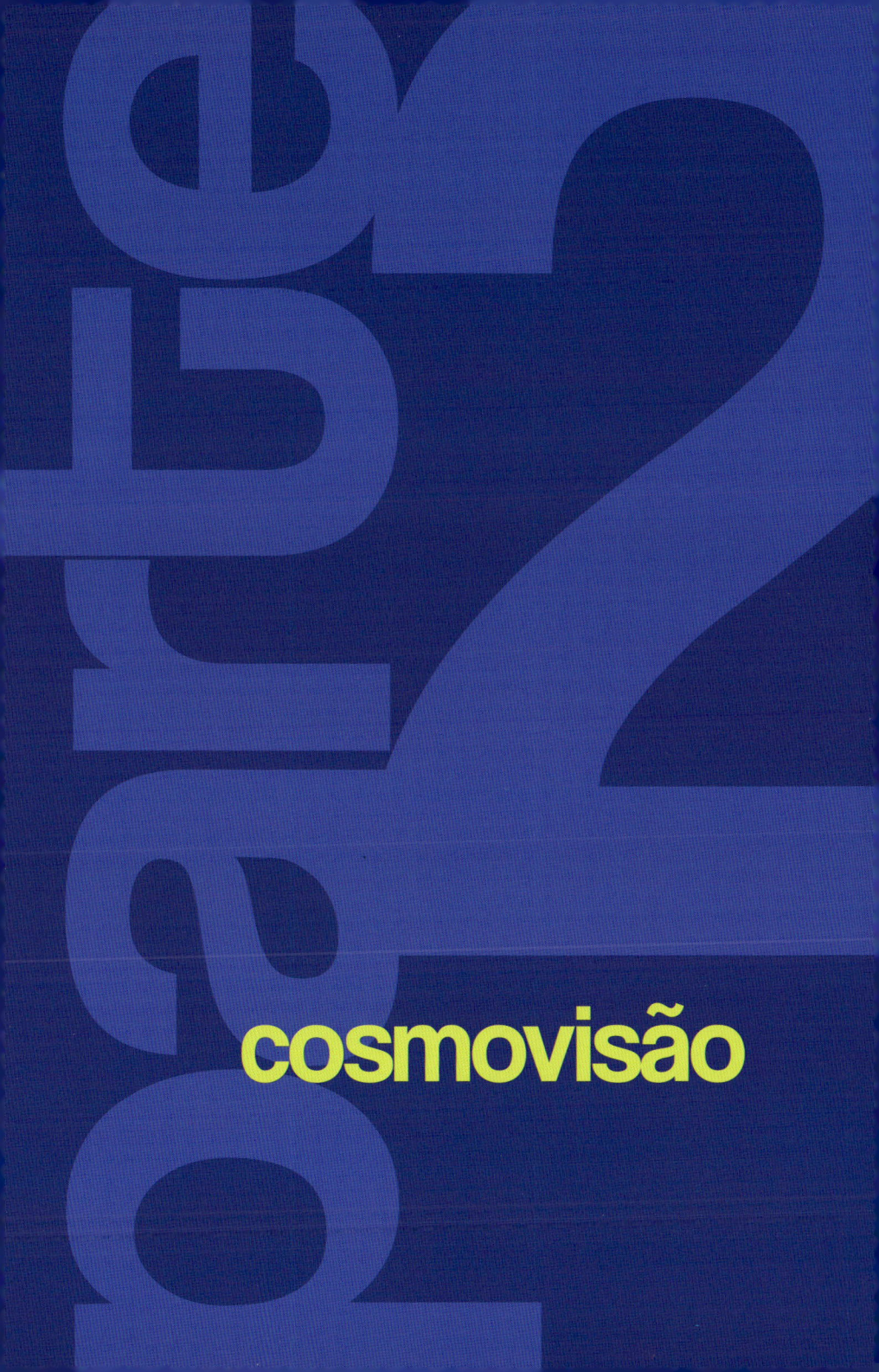

cosmovisão

Em primeiro lugar, devemos nos perguntar: como chegamos ao mundo que temos hoje? Tudo "começou" a partir do século XVII, quando a Idade Média entrou em decadência, o domínio da Igreja (pré-reforma) diminuiu e a burguesia nascente disse "basta". Foi nessa época que surgiu o movimento iluminista: eles se chamavam assim porque entendiam que tinham a responsabilidade de trazer luz para as supostas trevas em que o homem viva por causa da religião. De fato, a Igreja tinha tomado um caminho errado e abusivo, distorcendo a verdade de Cristo e transformando a fé em mercado. Os pecados para serem perdoados tinham que ser pagos (em *cash*) e a hipocrisia não tinha fim no clero.

Diante deste quadro, a ciência ascendeu apresentando um caminho para a modernidade. Eles propunham que o pensamento lógico e o método científico eram o caminho para uma revolução da humanidade, e trariam as respostas para as grandes questões da vida. Criaram com isso a famosa dicotomia fé versus razão, colocando cada uma de um lado do ringue e as tornando antagônicas e imiscíveis, inimigas uma da outra. A fé é para os supersticiosos e ignorantes, a razão é para os modernos e sábios. Com o tempo, essa ideia foi se consolidando na consciência coletiva da humanidade, e a religião passou a ser um tema cultural e de segundo escalão. A Bíblia virou um livro de moral e bons costumes, elaborado só com mitos e parábolas.

A própria Igreja passou a adotar um comportamento segmentado a respeito, consagrando um entendimento teológico a respeito da divisão inconciliável do mundo em secular ou sagrado. No entanto, a ciência não trouxe a resposta para as grandes questões da vida e a humanidade se decepcionou com ela. O avanço tecnológico criou técnicas para melhorar a produção agrícola, mas não resolveu o problema da fome, tampouco as grandes desigualdades sociais. As novas fontes de energia não ficaram "democratizadas", mas geraram poderosas armas de destruição em massa. A ciência trouxe ferramentas, mas é da natureza do homem não redimido contaminar de pecado a realidade em que toca. Vide o exemplo da radioatividade, cujas descobertas permitiram tanto combater o câncer quanto bombardear Hiroshima e Nagasaki.

> "Fazer nossas decisões com fé é fazê-las em vista do fato, de que nenhum homem, período histórico, grupo é a igreja; mas que existe uma igreja da fé na qual fazemos o nosso trabalho parcial e relativo a qual somamos. É para torná-las [nossas decisões] em vista do fato de que Cristo ressuscitou dos mortos e não é apenas o cabeça da igreja, mas o redentor do mundo. É para fazê-los, em vista do fato de que, o mundo da cultura - a realização do homem - existe com o mundo da graça - o Reino de Deus"
>
> — Reinhold Niebuhr

O mundo percebeu que a ciência nos legou coisas muito boas, mas também trouxe injustiças e tristezas. Os detentores das mais sofisticadas tecnologias são bilionários gerindo negócios ainda mais valiosos, com alta concentração de poder e influência global. Incrivelmente, esse cenário colocou a própria ciência em xeque. Tanto é que existe pesquisa para tudo, provando os mais variados pontos de vista. Quantas supostas descobertas não foram posteriormente contraditadas? Inclusive anunciamos que vamos conceder um Prêmio Nobel ao final deste livro a quem provar de uma vez por todas se o ovo faz bem ou mal para o ser humano!

Por isso, hoje uma parte expressiva das pessoas não acredita que existe uma verdade absoluta. Daí nasceu um outro extremo também perigosíssimo chamado relativismo, cuja definição é tão simples quanto incoerente: cada um é autor da sua história e de sua verdade. Cada um segue o caminho que desejar, nenhum deles é melhor que o outro, e como não há uma verdade fechada, torna-se impossível ter um referencial. Então, prevalece o embate de ideias e o jogo de poder por meio da persuasão. Quem é mais convincente prevalece com sua verdade, até que alguém apresente algo melhor, pois a verdade é dinâmica e mutante. Atualmente, cresce consideravelmente o número de pessoas ateias, sem religião ou que simplesmente declaram que tem fé, mas não pertencem a nenhuma igreja. O relativismo proporciona essa autossuficiência: se eu tenho a minha verdade, não preciso "correr o risco" de ser orientado ou discipulado, posso seguir o meu próprio caminho sem ninguém ou uma igreja.

Essa forma de ver o mundo penetrou na própria Igreja trazendo práticas detestáveis a nós cristãos. Não é à toa que muitos realmente parecem super-heróis ao avesso: no domingo vestem a capa de cristão para expurgar os males (de si mesmo), mas nos demais dia da semana preparam alegremente algum disfarce para não serem reconhecidos. E ainda teorizam "igreja é uma coisa, trabalho é diferente". No entanto, não é assim que a Palavra pensa. A Bíblia diz que todas as coisas estão em Cristo e, portanto, o seu desejo é que o Reino seja implementado em cada um de nós, em nossa vida cotidiana. A Bíblia é a verdade absoluta e por isso ela tem respostas para todas as grandes questões da vida. A Palavra de Deus não fala só de vida cristã, mas de política, sexo, arte, comportamento, moda, ciência, tecnologia e todo e qualquer assunto que passar por sua cabeça. Na sequência deste livro, apresentaremos a Bíblia como essa fonte inesgotável de respostas para **todas** as questões fundamentais da vida. Desta forma, cumpriremos a tarefa que Deus nos deu de trazer luz às trevas também na esfera cultural. Felizmente conhecemos a verdadeira luz, para desespero dos iluministas que ainda acham que estamos na idade das trevas...

A cultura pop é a companheira predileta desta nova forma de ver o mundo, desta nova cosmovisão. A sua simplicidade, acessibilidade, facilidade de capilarizar e viralizar as informações é inigualável. Anônimos se tornam celebridades instantâneas com um vídeo no Youtube ou uma foto no Instagram. As redes sociais criam mitos e desconstroem reputações em poucos *retwites*. Apesar das possíveis consequências negativas, o problema não é a cultura pop. Ela é um veículo, mas não tem início ou fim em si mesma. E apenas reflete a cultura do presente tempo, que valoriza o imediatismo e relativismo.

Cabe a cada um de nós compreender o que Deus estabeleceu para esse século, reestabelecendo a vontade dEle por meio da cultura e das artes. Foi Ele quem as criou, juntamente com a comunicação e a criatividade que lhe são inerentes, atribuindo a cada um de nós a capacidade de interpretá-las. Ou de sermos verdadeiros artistas.

Como premissa, precisamos crer em Deus, crer que Ele estabeleceu a comunicação, as artes e a criatividade. Nós cremos em Deus e usaremos um argumento que não está na Bíblia.

Imanuel Kant, famoso filósofo alemão, disse em sua obra "*Crítica da razão pura*" que existem três níveis de crença:

1. Opinião: "Eu acho...".
2. Saber: "Eu tenho certeza e posso provar".
3. Fé: "Eu não tenho como provar, mas tenho certeza".

Deus não é uma questão de opinião, é uma questão de fé. Portanto, Ele não é objeto de lógica, mas de fé, pois não foi pela lógica que alguém foi alcançado pelo Senhor, e sim pela fé. Debater se Ele existe é perda de tempo, Ele está acima disto. A Bíblia não tenta explicar a existência de Deus, não foi para isso que ela foi escrita, mas para nos ensinar como viver segundo a vontade dEle. Ela só faz sentido para quem crê. A própria palavra de Deus diz isso:

> "E Jesus, respondendo, disse-lhe: Bem-aventurado és tu, Simão Barjonas, porque to não revelou a carne e o sangue, mas meu Pai, que está no céu". Mateus 16.17

> "Mas nós pregamos a Cristo crucificado, que é escândalo para os judeus, e loucura para os gregos". I Coríntios 1.23

> "Ora, o homem natural não compreende as coisas do Espírito de Deus, porque lhe parece loucura; e não pode entendê-las, porque elas se discernem espiritualmente". I Coríntios 2.14

Fica claro que só é possível entender a Bíblia através do Espírito Santo. Qualquer abordagem que fuja disso é perda de tempo.

> "Vós sois as minhas testemunhas, diz o SENHOR, e meu servo, a quem escolhi; para que o saibais, e me creiais, e entendais que eu sou o mesmo, e que antes de mim deus nenhum se formou, e depois de mim nenhum haverá". Isaías 43.10

> "Ora, a fé é o firme fundamento das coisas que se esperam, e a prova das coisas que se não veem. Porque por ela os antigos alcançaram testemunho. Pela fé entendemos que os mundos pela palavra de Deus foram criados; de maneira que aquilo que se vê não foi feito do que é aparente". Hebreus 11:1-3

Se deixarmos nos levar pelo discurso naturalista, iremos achar que não existe nada além da matéria e da natureza, e por isso não há espaço para Deus. Os panteístas fariam o inverso, declarando que Deus está em todas as coisas. O cristianismo não é nem uma coisa nem outra. A natureza e a criação são a revelação geral de Deus, elas são a sua obra de arte! A criação tem a assinatura do maior artista de todos os tempos.

E o primeiro registro bíblico aponta para um Deus criativo, capaz de fazer as coisas do nada. É como um pintor diante de uma tela branca, ou um cineasta diante de um filme fotográfico ainda não utilizado, um criador de jogos diante de uma tela em branco do computador, um regente diante da partitura ainda a ser preenchida. A "pequena" diferença é que os homens só podem criar a partir dos recursos da própria criação de Deus. **Ele criou do nada**. E quando Ele criou o homem, ficou claro desde sempre que colocou nele essa capacidade criativa.

> *"Os céus declaram a glória de Deus e o firmamento anuncia a obra das suas mãos". Salmos 19:1*

Crer no Big Bang e no evolucionismo é crer que tudo que existe é obra do acaso. Dizer que somos obra do acaso seria o mesmo que pedir para alguém jogar um quebra cabeça de milhares de peças desmontado para cima e esperar que todas elas caiam perfeitamente montadas. Certamente há por trás de tudo isso a mão de um poderoso agente inteligente. Cremos que esse agente seja Deus, o criador de todas as coisas. Cremos também que Ele levantou homens em tempos e situações distintas para revelar a sua vontade e redigir em texto estas verdades.

Todas as palavras nas escrituras são inspiradas por Deus, não crer nelas é desobedecer a Ele. A Bíblia afirma isso:

> "Toda a Escritura é divinamente inspirada, e proveitosa para ensinar, para redargüir, para corrigir, para instruir em justiça; Paru que o homem de Deus seja perfeito, e perfeitamente instruído para toda a boa obra". 2 Timóteo 3.16-17

> "Para que por duas coisas imutáveis, nas quais é impossível que Deus minta, tenhamos a firme consolação, nós, os que pomos o nosso refúgio em reter a esperança proposta". Hebreus 6.18

As escrituras são a nossa autoridade final e, diante de tudo isso, surge a pergunta que não quer calar: por que há tanto esforço para se provar a inexistência de Deus? Não é muito difícil achar uma resposta na própria Palavra:

> "Porque do céu se manifesta a ira de Deus sobre toda a impiedade e injustiça dos homens, que detêm a verdade em injustiça. Porquanto o que de Deus se pode conhecer neles se manifesta, porque Deus lho manifestou. Porque as suas coisas invisíveis, desde a criação do mundo, tanto o seu eterno poder, como a sua divindade, se entendem, e claramente se vêem pelas coisas que estão criadas, para que eles fiquem inescusáveis; Porquanto, tendo conhecido a Deus, não o glorificaram como Deus, nem lhe deram graças, antes em seus discursos se desvaneceram, e o seu coração insensato se obscureceu. Dizendo-se sábios, tornaram-se loucos. E mudaram a glória do Deus incorruptível em semelhança da imagem de homem corruptível, e de aves, e de quadrúpedes, e de répteis". Romanos 1:18-23

Aceitar a existência de Deus exige de cada um de nós submissão aos seus propósitos, submissão à sua vontade. No entanto, se não acreditarmos em sua existência, estamos livres da culpa de não nos submetermos a essa verdade. Se Ele não existe, estamos livres para conduzirmos nossas vidas da forma que quisermos.

Pelas escrituras, a palavra "humano" significa natureza, condição, imagem e semelhança. Na Bíblia aprendemos que fomos criados à imagem e semelhança de Deus e logo temos alguns dos seus atributos. Somos criativos, emocionais, desejamos estar em grupo e somos sim religiosos, pois mesmo que ignoremos fomos criados para se conectar com Deus. Os naturalistas tentam dar explicações químicas e antropológicas para o amor, a solidariedade e tantas outras sentimentalidades, mas nós cremos que tudo foi criado por meio da perfeita intencionalidade de Cristo. Vamos rever tudo o que aprendemos até aqui:

▶ A Bíblia só pode ser lida pela fé em Deus e em sua inspiração divina;

▶ Cremos que a criação revela o caráter de Deus;

▶ A Escritura é uma das formas pelas quais Ele se revela;

▶ As pessoas tentam desacreditar a Bíblia porque não querem obedecê-la e seguir a palavra de Deus.

Todo esse caminho que fizemos até aqui foi para percebermos que só é possível ler a Bíblia e compreendê-la por meio do Espírito Santo. A sabedoria humana e científica é útil para outros fins, mas tem pouco proveito para alcançarmos esse objetivo. Dentro de seu propósito, a Bíblia é infalível – não contém falhas, contradições ou erros. Por mais que haja alguma dificuldade de entendimento, o estudo cuidadoso das escrituras revela as aparentes contradições exatamente como elas são: aparentes. Vejamos um exemplo:

> "Deus não é homem, para que minta; **nem filho do homem, para que se arrependa;** porventura diria ele, e não o faria? Ou falaria, e não o confirmaria?" Números 23:19

> "Então o SENHOR se **arrependeu** disso. Não acontecerá, disse o SENHOR". Amós 7:3

> "E o SENHOR se **arrependeu** disso. Nem isso acontecerá, disse o Senhor DEUS". Amós 7:6

> "Então **arrependeu-se** o SENHOR de haver feito o homem sobre a terra e pesou-lhe em seu coração". Gênesis 6:6

> "Então o SENHOR arrependeu-se do mal que dissera que havia de fazer ao seu povo". Êxodo 32:14

> "E se lembrou da sua aliança, e se **arrependeu** segundo a multidão das suas misericórdias". Salmos 106:45

> "E Deus viu as obras deles, como se converteram do seu mau caminho; e Deus se **arrependeu** do mal que tinha anunciado lhes faria, e não o fez". Jonas 3:10

Ler o primeiro texto e compará-los com os demais de forma displicente nos levaria a impressão de que há uma contradição e possível falha na Bíblia. Afinal, Deus não se arrepende ou se arrepende? É necessário investigar melhor o que os textos querem dizer! O primeiro texto mostra o caráter de Deus que, como disse o autor de Hebreus que lemos, é imutável. Já nos outros textos, é utilizado um recurso de linguagem sintática chamado prosopopeia, que significa dar características humanas a algo que não é humano. Por exemplo, seria o mesmo que dizer que o céu chorou, para se referir a chuva, ou que a lua está sangrando em um eclipse lunar. O desejo de Deus sempre foi ser misericordioso, e não fazer o mal. O elemento chave é o arrependimento do homem de seus caminhos pecaminosos. Quando o homem confessa o seu pecado e se arrepende, Deus tira de sobre ele o mal, sendo coerente com a sua própria Palavra.

> *"A saber: Se com a tua boca confessares ao Senhor Jesus, e em teu coração creres que Deus o ressuscitou dentre os mortos, serás salvo". Romanos 10:9*

Na prática, Deus não se arrependeu, ele simplesmente salvou o homem através do arrependimento deste, cumprindo a sua promessa de salvação. Nós é que somos falíveis, e quando tentamos ler a Bíblia com as nossas próprias expectativas, transportamos essa falha para a Palavra. Você busca validar algo para si na Biblia, e por ser algo para você e partindo de si mesmo, possivelmente não acontecerá da forma como espera. Pelo contrário, haverá uma ilusão de que a Palavra de Deus falhou.

> *"Pedis, e não recebeis, porque pedis mal, para o gastardes em vossos deleites".*
> *Tiago 4:3*

Toda vez que você buscar na Palavra a sua expectativa, você falhará em entendê-la e ser abençoado por ela. No entanto, se você a buscar através do Espírito Santo, será fortemente impactado e desafiado a experimentar as surpreendentes expectativas de Deus sobre a sua vida. Ela jamais falhará!

inspiração

Na biologia, inspirar significa absorver ar para dentro, e foi o que aconteceu com o homem no Éden. Quando o boneco de barro recebeu o ar liberado pelo sopro de Deus, algo que estava dentro dele entrou no boneco e ele se transmutou em homem, ganhando vida. Mas não foi só isso: ao receber o sopro de Deus, o homem também pôde experimentar a capacidade de entender e aplicar a sua vida à Palavra do próprio Deus. Sem o sopro de Deus, o homem não teria vida, e sem o sopro de Deus na Palavra, ela também não seria viva.

> "Toda a Escritura é divinamente inspirada, e proveitosa para ensinar, para redarguir, para corrigir, para instruir em justiça; Para que o homem de Deus seja perfeito, e perfeitamente instruído para toda a boa obra".
> II Timóteo 3: 16 e 17

O sopro de vida de Deus condedeu ao homem personalidade, autotranscedência, inteligência, moralidade, senso gregário e criatividade. Esses atributos comunicáveis de Deus tornam o homem capaz de receber revelação e inspiração para escrever e interpretar a Palavra.

> *"Por isso, amados, aguardando estas coisas, procurai que dele sejais achados imaculados e irrepreensíveis em paz. E tende por salvação a longanimidade de nosso Senhor; como também o nosso amado irmão Paulo vos escreveu, segundo a sabedoria que lhe foi dada; Falando disto, como em todas as suas epístolas, entre as quais há pontos difíceis de entender, que os indoutos e inconstantes torcem, e igualmente as outras Escrituras, para sua própria perdição".* 2 Pedro 3:14-16

A Bíblia sem a inspiração dEle não passaria de mais um livro. Quando a lemos sem entender profundamente o seu significado espiritual, ela se torna um diário de aventuras antigo, frio e morto. A leitura da Palavra sem a inspiração, sem o sopro de Deus, será sempre uma fonte de heresias e carnalidade.

> *"O qual nos fez também capazes de ser ministros de um novo testamento, não da letra, mas do espírito; porque a letra mata e o espírito vivifica".* 2 Coríntios 3:6

O sopro de Deus no homem lhe conferiu autoridade, no Espírito Santo, para entender a vontade dEle na Palavra, e poder de usá-la para interferir na vida e mudar a realidade, trazendo a existência até coisas que não existem. Conhecer textos bíblicos de cor e salteado traz pouca vantagem se o Espírito Santo não fluir através do leitor. Afinal, Satanás conhece a Bíblia. As palavras de Deus fora do contexto são palavras do diabo.

> *"E disse-lhe: Se tu és o Filho de Deus, lança-te de aqui abaixo; porque está escrito: Que aos seus anjos dará ordens a teu respeito, E tomar-te-ão nas mãos, Para que nunca tropeces em alguma pedra".* Mateus 4:6.

A capacidade de comunicar e fazer arte se estabeleceu na humanidade por iniciativa do próprio Deus. Ele quer falar conosco, e quer que falemos uns com os outros. Ele estabeleceu a linguagem e a ciência, revelando toda a tecnologia. Ele nos deu a capacidade de expressar nossas emoções por meio da imagem e do som.

O sopro de Deus na Palavra a torna inteligível, acessível e atual. Você observará que a Bíblia raramente se preocupa em explicar ou defender a leitura e produção inspirada da Palavra, porque isso é uma condição intrínseca da mesma. Foi assim com Moisés na sarça, Jonas dentro do peixe, Isaías no templo, Paulo no deserto e João no presídio. Todos eles experimentaram a revelação, e a partir dela escreveram a Palavra. Por isso, não podemos dizer que eles escreveram algo da própria cabeça, mas transcreveram direções do trono de Deus.

> *"Por isso, amados, aguardando estas coisas, procurai que dele sejais achados imaculados e irrepreensíveis em paz. E tende por salvação a longanimidade de nosso Senhor; como também o nosso amado irmão Paulo vos escreveu, segundo a sabedoria que lhe foi dada; Falando disto, como em todas as suas epístolas, entre as quais há pontos difíceis de entender, que os indoutos e inconstantes torcem, e igualmente as outras Escrituras, para sua própria perdição". 2 Pedro 3:14-16*

Quando o pecado entrou na Terra, houve uma ruptura nesse entendimento. Assim como a natureza, a comunicação e a arte se corromperam nas mãos do homem – e infelizmente foram usadas para fazer o mal de várias maneiras. Ou ainda para distorcer as próprias escrituras, pois como pode haver tantas heresias e seitas?

Isso ocorre porque o homem, muitas vezes, pensa que pode entender a Bíblia a partir de suas habilidades e conhecimentos pessoais. Que fique claro, ser estudioso ou pesquisador não tem nada de errado, pelo contrário, é extremamente precioso utilizar qualquer ferramenta que traga mais conhecimento. No entanto, sem o poder de Deus e a ação dEle, elas serão uma pedra de tropeço.

Isso pode ser explicado a partir de exemplos que encontramos na Bíblia como, por exemplo, quando Jesus questionava os fariseus, saduceus, essênios, escribas e zelotes. Perceba que a mesma lei (a de Moisés, baseada no Pentateuco) tinha cinco interpretações diferentes e nenhuma era inspirada, pois nenhuma sujeitava o homem a Deus (a tentativa era inversa). A vinda de Cristo, dentre tantas outras coisas, teve como propósito mostrar que viver a Palavra e cumprir a lei não tinha nada a ver com usos, costumes e legalismos. No sermão da montanha, como em toda sua trajetória terrena, Ele apontou essa questão:

> *"Bem-aventurados os pobres de espírito, porque deles é o reino dos céus; Bem-aventurados os que choram, porque eles serão consolados; Bem-aventurados os mansos, porque eles herdarão a terra; Bem-aventurados os que têm fome e sede de justiça, porque eles serão fartos;*
> *Bem-aventurados os misericordiosos, porque eles alcançarão misericórdia;*
> *Bem-aventurados os limpos de coração, porque eles verão a Deus;*
> *Bem-aventurados os pacificadores, porque eles serão chamados filhos de Deus;Bem-aventurados os que sofrem perseguição por causa da justiça, porque deles é o reino dos céus; Bem-aventurados sois vós, quando vos injuriarem e perseguirem e, mentindo, disserem todo o mal contra vós por minha causa.*
> *Exultai e alegrai-vos, porque é grande o vosso galardão nos céus; porque assim perseguiram os profetas que foram antes de vós".* **Mateus 5:3-12**

Só é possível ler a Bíblia com revelação, e isso exige dependência a Deus e submissão ao seu poder. Precisamos deixar o sopro dEle fluir através de nós, para entendermos a real natureza de sua Palavra e não cairmos nas armadilhas dos sofismas, legalismos e costumes.

Podemos concluir que, se a inspiração vem de Deus, é Ele quem faz a produção do texto. Logo, Ele vai usar o homem com as suas peculiaridades e personalidade para fazer este texto ser acessível. Ele vai nos orientar no desenho, na pintura, no cinema, nos videogames, nas HQ's, e seja qual for a inspiração artística. Nunca o oposto, o homem usando de suas habilidades para alcançar seus propósitos pessoais. A inspiração não é psicografia, não recebemos um espírito e temos uma revelação. Já temos o Espírito Santo, e ele nos inspira e capacita a partir dos dons e características únicas que Ele deu a cada um de nós. Além disso, a sua Palavra é a sua fonte definitiva, a única base para uma comunicação artística feliz e equilibrada. Ela é o nosso manual para caminhar nesta vida.

> "Desviei os meus pés de todo caminho mau, para guardar a tua palavra." Salmos 119.101

RESPOSTAS SIMPLES
para pergunta difíceis

▶ Qual é a resposta definitiva para o caos no mundo? Jesus, Deus Pai e o Espírito Santo.

▶ Como saber qual é a vontade de Deus? Por meio de sua Palavra, a Bíblia.

▶ Por que a Bíblia? Ela foi escrita para nos ensinar, ela é compreendida pela fé e também pela lógica. Ela é infalível e é **inspirada por Deus.**

o que é

Talvez você nem saiba o que significa de fato essa palavra, ou tenha apenas uma vaga impressão do que ela de fato representa. O que você não sabe e se surpreenderá é que você tem uma cosmovisão. Diferentemente de uma teologia ou filosofia, à medida que você cresce e tem contato com o mundo que te rodeia, começa um processo sutil de doutrinamento por parte de sua família, da mídia, além das instituições de ensino e de governo, no sentido de te orientar a ter uma **visão de mundo**. Ela tem tudo a ver com a **consciência coletiva** que mencionamos, que nada mais é do que o conjunto de ideias morais e normativas comuns na sociedade, até certo ponto à parte e externo, mas que influencia diretamente a maneira como você interpreta o universo que te rodeia.

A maneira como você interpreta o universo que te rodeia, e como você lida com isso, essa é a sua cosmovisão.

cosmovisão?

Diferentemente do que muitos acreditam, a cosmovisão não tem a ver com contextualização ou apologética, e sim com a linguagem pela qual nos comunicamos, inclusive através da cultura pop. Mais que o idioma, cultura ou fé, a cosmovisão transpõe os limites geográficos e religiosos, se impondo sobre todos eles e determinando a maioria de suas atitudes e comportamentos. É muito comum atualmente alguém falar português, viver uma cultura pop, ser evangélico e ainda assim ter uma visão de mundo não cristã.

Entender a sua cosmovisão é essencial para que você identifique o que tem te guiado até aqui em sua vida e as suas escolhas. O que é importante e o que não é importante para você. Apenas entendendo a cosmovisão de si mesmo e do outro, que você irá alcançar as pessoas com rapidez e certeza. E só assim você se aproximará de alguém e conquistará o seu interesse, a sua atenção. Sem contar que entender a cosmovisão te ajudará a compreender o que há por trás de cada música, filme ou livro.

Mais do que isso, nos ajudará a produzir e consumir cultura pop saudável e biblicamente respaldada.

Certamente o maior desafio de um cristão que entende o seu compromisso como evangelizador é alcançar pessoas que estão com pressa para tudo e pouco interessadas em ouvir ou dar atenção a um desconhecido que quer falar sobre coisas que não as interessa: a fé baseada em um livro que eles não respeitam como a verdade, e num criador invisível em tempos de ciência de ponta. Portanto, se quisermos realmente fazer a diferença na vida dessas pessoas, teremos que nos tornar o que chamamos de **agentes de transformação**. O agente é aquele que promove a transformação do próximo e, para tal, precisa se aproximar dele a tal ponto que isso seja viável.

Agora, como transformar alguém se você mesmo não experimentou uma transformação? A transformação envolve a mudança de cosmovisão. Talvez, ao ler isso você nos questione: "Mas eu já sou evangélico, não

> "As coisas têm valor por aquilo que são, e não pelas funções que exercem, por mais que estas sejam importantes.",
>
> — Rookmaaker

preciso ser transformado...". Torço para que verdadeiramente você esteja certo. No entanto, há algo que precisa ser observado, pois nós não nascemos em um mundo que o teísmo cristão seja a cosmovisão dominante. Muito longe disso, é outra cosmovisão que domina. Mesmo aqueles que nasceram em um lar cristão certamente têm sido influenciados desde a infância por essa outra cosmovisão.

Jesus quer nos usar em todo nosso potencial, e tudo aquilo que Ele implantou em nós antes mesmo de termos sido formados no ventre. Então, o que nos impede de avançar? Por que muitas vezes temos a sensação de que as pessoas ao nosso lado estão avançando no reino de Deus, a galopes de Tesla, e nós estamos caminhando em passos de tartaruga? Esse fato tem ligação com a nossa prática ministerial, e isso está intimamente ligado ao fato de vivermos uma cosmovisão diferente daquela que deveríamos.

"O cristão deve usar as artes para glorificar a Deus, não simplesmente como propaganda evangelística, mas como algo belo para a glória de Deus. O cristão é alguém cuja imaginação deve voar além das estrelas"

— Francis Shaeffer

Uma cosmovisão é formada basicamente de três princípios:

1. Quem criou todas as coisas? **Criação**.
2. Por que, em um determinado momento, tudo deu errado no mundo? **Queda**.
3. O que pode ser feito para consertar definitivamente este erro? **Redenção**.

Você como crente certamente se sentiria confortável para responder a cada uma dessas perguntas, conforme aprendeu na escola dominical, célula ou classe de batismo de sua igreja?

1. Foi Deus quem criou tudo a partir de sua Palavra;
2. O pecado estragou tudo o que Deus tinha feito;
3. Jesus veio para livrar o homem do pecado e da decadência.

O que vamos investigar é até que ponto você é capaz de sustentar esses argumentos ao apresentá-los a quem inicialmente não acredita neles. Você seria capaz de convencer um cientista de que o universo foi criado? Ou a um filósofo de que o mundo está errado? Ou a um oriental nativo de que Jesus é o único caminho? Será que é possível transpor as citações bíblicas apologéticas ou a contextualização da verdade sagrada para aqueles que não acreditam na Bíblia e não se submetem nem mesmo quando há um contexto?

A resposta é sim...

A resposta é **sim**, se você for capaz de entrar na cosmovisão dessa pessoa, entender com ela vê o mundo e falar com ela na linguagem dela, na cosmovisão dela, ganhando assim a sua confiança e respeito. Depois, de maneira eficaz, desconstruir a cosmovisão dela e apresentar o teísmo cristão como única e confiável cosmovisão. Aquela que seria a única capaz de responder satisfatoriamente as questões que citamos aqui.

Porém, se você não estiver bem embasado na cosmovisão cristã, ou tiver uma relação superficial com ela, permitindo que outra cosmovisão participe de suas atitudes, você pode cair em uma armadilha. Ao invés de influenciar, poderá até mesmo ficar preso na cosmovisão do outro e ser seduzido a abandonar o cristianismo – e não são poucos os casos que conhecemos assim entre líderes da fé. Portanto, nosso primeiro desafio é sermos transformados e imersos na cosmovisão cristã, para só depois investigarmos as demais.

Nos dias de hoje, existe um conflito subliminar em nosso planeta. Não tem ligação direta com as atuais guerras e o crescimento do terrorismo. É uma guerra silenciosa, fria e calculista. É uma guerra cujos soldados nem sabem de fato que estão alistados e entrincheirados. É o conflito de quatro grandes cosmovisões:

> **O cristianismo**
> **A nova era**
> **O monismo panteísta**
> **A pós-modernidade**

Esse conflito se apresenta na programação da televisão, nos sites da internet, nas discussões políticas e na convivência cotidiana.

Destas que citamos, nenhuma tem tanta abrangência e poder como a pós-modernidade. Vale a pena conhecer um pouco de suas principais características:

em conflito

- **Relativismo.** A morte da verdade absoluta. Cada um é autor de sua própria verdade e temos que respeitá-la. Não temos uma verdade referencial, mas só aquela que nós criamos para atender ao nosso próprio interesse.

- **Materialismo.** No mundo, todos são medidos pelo que tem e não pelo que são. A felicidade reside no ato de ter coisas.

- **Individualismo.** O egoísmo institucionalizado deve buscar em primeiro lugar os próprios interesses e somente depois o interesse da coletividade.

- **Pragmatismo.** A idolatria do resultado. Cumprir metas pré-determinadas irá definir o quanto alguém é bom em alguma coisa.

- **Hedonismo.** A busca do prazer sem qualquer limite moral. O que é supostamente bom ou prazeroso não pode ser considerar errado ou pecado.

Esta rápida passagem pela cosmovisão da pós-modernidade nos dá conta do quão grande será o nosso duplo desafio: tanto mudarmos a nossa própria mentalidade quanto sermos agentes de transformação. Afinal, muitas dessas características estão arraigadas em nós mesmos. Nós crescemos sendo encorajados a vivê-las, e crescemos crendo que muitas delas são normais. Mudamos o nome delas e as adotamos, pois nos permitem conviver melhor com as pessoas de nosso tempo e atrair mais membros para nossas igrejas. O evangelho tem vivido essa crise de identidade, e tem se tornado essencialmente pós moderno. O resultado é que produzimos um maior número de fiéis não do teísmo cristão, mas da

"O relativismo é a teoria de que a base para os

pós-modernidade cristã. Para ir fundo neste assunto, recomendamos a vocês o livro *"Desconforme-se: um alerta para o jovem do século XXI"*, de um dos autores deste livro, Richarde Guerra.

O campo de batalha espiritual não é somente as hóstias espirituais onde anjos e demônios se digladiam pelos homens e mulheres da Terra. Na verdade, o campo de batalha espiritual mais rotineiro é a nossa mente, que nela tudo cativa. Portanto, pregar o cristianismo puro e verdadeiro encontrará oposição até, imaginem só, entre cristãos. Vivemos uma era de descrença, cinismo e ironias. A verdade absoluta tem perdido gradativamente o seu espaço na escola, nas leis da física e na vida cotidiana, a fim de acomodar diferentes interesses e formas de ver o mundo. Consoante ao que a Bíblia diz, o fim dos tempos já está sendo marcado por apostasia e muita confusão.

Nós estamos constantemente sendo testados em nosso caráter, naquilo que pensamos e pregamos. É uma comunidade global que nos acompanha de perto, muitas vezes esperando nosso primeiro tropeço para nos cobrar e julgar. Talvez esse desafio te pareça grande demais, mas é importante lembrar que Deus levou 40 anos para mostrar a Moisés que ele não era um ninguém, e mais 40 anos para mostrá-lo o que Ele poderia fazer com um alguém.

cristianismo vs. pós modernidade

O que estamos vendo é uma mudança radical nas esferas de influência da sociedade. Passo a passo, as ideias pós-modernas estão ocupando espaços outrora ocupados pelo cristianismo no mundo ocidental. Por muitos séculos, os valores judaico-cristãos influenciaram a cultura, as leis, a organização da sociedade e as relações sociais. Mas a pós-modernidade rejeita qualquer critério aceito universalmente, em defesa daquilo que é particular, o que descontrói lentamente todo o legado cristão. Logo, é inevitável que esse choque de valores na cultura cada vez mais vá se aprofundando em todas as esferas de influência da sociedade.

Por sinal, esse termo foi criado, e posteriormente atualizado, por Loren Cunningham, como uma forma da Igreja enxergar como as nações se estruturam estrategicamente, e assim poder levar a realidade de Cristo para esferas de influência que muitas vezes foram negligenciadas pelos cristãos. Ele assim define as principais esferas:

1. Família – lar
2. Religião – a igreja
3. Educação – escolas
4. Governo – politica
5. Mídia – comunicações
6. Artes – entretenimento e esportes
7. Economia – negócios, comércio, ciência e tecnologia

Mas se as mudanças na legislação ou no modo de pensar da sociedade são sutis, gradativas e mais demoradas, é quase que instantâneo transpor a cosmovisão da pós-modernidade para o campo da cultura e das artes. Como sempre, tudo começa nas artes. É mais fácil imprimir uma ideia numa música, poesia, peça de teatro, pintura ou um filme, do que por meio de uma tese acadêmica de mestrado. A arte pode ser simplesmente consumida, sem qualquer mediação. E, se a expressão artística for cultura pop, a penetração nas mentes é ainda mais rápida, agressiva e eficaz.

Percebemos que, salvo raras ocasiões, faltou ao longo de décadas a liderança de cristãos que pudessem influenciar essa esfera. O resultado é que não tivemos e ainda não temos cristãos professos na direção de programação nas emissoras de televisão, ou ainda diretores de

> "Todas elas (as esferas de influência) apontam para Deus que tem um coração por indivíduos e nações perdidas e nos convida a colaborar com Ele para trazer impacto transformacional do reino de Deus em cada área da vida, tanto privada quanto pública"
>
> — Loren Cunningham

cinema atuando no *mainstream* da indústria. Se muito, há uma produção cultural segmentada, feita dos cristãos para os cristãos. Evidentemente que, por essa estratégia, o alcance é limitado e restrito ao segmento evangélico.

E como não existe um território sem dono, basta refletirmos quais tipos de valores estão sendo transmitidos na quantidade incalculável de produtos culturais abundantes que influenciaram diversas gerações desde o século XIX, quando as massas puderam consumir cultura. Infindáveis músicas, peças de teatro, filmes, livros, pinturas, esculturas, espetáculos de dança... todos absolutamente alheios aos valores do Reino. Quantos artistas com habilidades ímpares para entreter pessoas e falarem ao coração de sua audiência sequer foram apresentados a Cristo.

O cristão está inserido neste processo e não pode fingir que nada está acontecendo. Devemos combater a pós modernidade. Cremos em uma verdade absoluta! E temos a responsabilidade de "recapturar" cada forma de entretenimento para Jesus, com criatividade para falar a qualquer público, e não apenas aos próprios cristãos. As artes informam a mente, tocam os sentidos, sensibilizam as emoções, mobilizam comunidades e desafiam as vontades dos indivíduos que as consomem. Certamente, o Autor da vida pode conceder formas criativas de mostrar ao mundo um espetáculo cultural que seja de excelência técnica e estética, envolvente, mas que ao final aponte para Ele mesmo.

parte

ação

a força da força

A cultura pop, como já abordamos, se por um lado é superficial em seu conteúdo, por outro lado é muito mais acessível por ser de fácil compreensão. Assim, é quase impossível mensurar os seus "tentáculos", pois hoje ela se manifesta na literatura *young adult*, nas histórias em quadrinhos, nos mangás, nas bandas e cantores, filmes de cinema, plataformas de *streaming* e com uma força descomunal nos videogames. É pouco? Bem, não mencionamos nem a metade...

> "Seja bom com os nerds. É muito provável que você acabe trabalhando para um"
> — Bill Gates

O público alvo principal são os *geeks*, uma derivação do nerds. O nerd era aquele sujeito "rato de biblioteca", sempre ocupando algum porão de faculdade com algum experimento, que gostava muito de estudar seja qual for o assunto, de ciências a história. O nerd vai tão fundo que torna-se um *expert* e se via muito bem representado nas ficções fantásticas e científicas. O estereótipo do típico nerd foi abordado à exaustão pelas comédias adolescentes da década de 1980. Até que chegou os anos 1990 e a expressão *geek* se popularizou, assemelhando-se bastante ao conceito de nerd, ao ponto de virar quase sinônimo para a maior parte das pessoas. Mas há uma diferença substancial: o geek não é necessariamente um estudioso como o nerd, mas alguém que aprendeu a gostar e consumir o mesmo tipo de entretenimento do nerd, além de apreciar as novidades tecnológicas.

E não é que o *geek* não pesquise mais do que uma pessoa normal, mas numa comparação com o nerd, quando ambos assistem os mesmos filmes de ficção científica, eles saberão dizer a fundo todos os bastidores da produção. Inclusive terão lido também a obra original da qual o filme foi adaptado. Mas só o nerd conseguirá debater os conceitos de física quântica e terá uma indignação "para a vida toda" com os furos científicos de roteiro. Eles comprarão os mesmos gadgets assim que forem lançados, mas além do profundo conhecimento do atual estágio da curva tecnológica dos produtos, só o nerd será capaz de montar e remontar o aparato...

Anteriormente, ser nerd era quase um xingamento, significando um *outsider* vivendo na sua própria realidade, à margem da sociedade e bastante ridicularizado. Agora, para bem e para mal, o nerd compartilha o "seu universo" com um contingente gigantesco de pessoas. E de bônus podemos dizer que o status de nerd atingiu outro patamar, em função da posição alcançada pelo icônico Steve Jobs, ou ainda Jeff Bezos, Mark Zuckerberg, Elon Musk e Bill Gates, para citar apenas alguns dos nerds mais conhecidos.

Fizemos esse preâmbulo todo para explicar o que é o contexto do universo geek, o terreno da cultura pop. É importante ter esse entendimento, para compreender o seu impacto social, mas também cultural e econômico no mundo inteiro. Afinal, os geeks se dedicam a colecionar, devorar, assistir e acompanhar tudo o que envolve as suas histórias favoritas. E consomem muito. A indústria de cultura pop no Brasil movimenta mais de US$ 36 bilhões de dólares ao ano. É um mercado que só perde para os EUA (US$ 635,1 bilhões), China (US$ 209,3 bilhões), Japão (US$ 164,6 bilhões), Alemanha (US$ 89,2 bilhões) e Inglaterra (US$ 83,6 bilhões). Esses números representam somente a soma que envolve o "top four", as quatro principais expressões do universo geek, a saber:

▶ **Histórias em quadrinhos.** Essa mídia é a "avó" da cultura pop, já que nos legou os principais super heróis que o mundo conhece, como o Superman, Batman, Spiderman, Vingadores etc. O mercado de histórias em quadrinhos é tão fascinante que se reinventou com as adaptações para outras plataformas como o cinema e a TV, bem como o licenciamento de diversos produtos. Mas ainda hoje mantém um público cativo, que acompanha e coleciona as suas histórias. Podemos também incluir aqui as diversas convenções de cultura pop, como as Comic Cons, que surgiram como feiras para aproximar o público que consome quadrinhos dos artistas que a produziam. Além disso, podemos mencionar a sua função social, como no Brasil temos o fenômeno da Turma da Mônica, cujas revistas comprovadamente auxiliaram gerações de brasileiros na alfabetização. Segundo a Associação de Cartunistas do Brasil (ACB), o mercado de quadrinhos mobiliza cerca de 20 milhões de leitores ao mês no país.

▶ **Séries de TV.** Esse tópico merece uma atenção especial. As séries de TV se popularizaram muito nos EUA a partir dos anos 1950, que exportaram o formato para o mundo todo. Enquanto que no Brasil a maior parte da audiência se acostumou por muitas décadas com o formato de novela, as produções televisivas de séries ou mini séries se aperfeiçoaram e elevaram o nível de qualidade, orçamento e repercussão. Anteriormente, por exemplo, poucos astros de primeira linha do cinema se arriscavam na televisão. Hoje, é quase consenso que algumas produções em nada perdem para os melhores filmes, com a vantagem de poderem explorar mais as potencialidades dramáticas dos personagens. E não é bom discutir se o final de uma série correspondeu às expectativas como se fosse final de Copa do Mundo? Vide Game of Thrones, que descanse em paz mesmo com um final controverso...acrescentamos que, com as plataformas de streaming, as séries ganharam um novo impulso e, para o delírio dos fãs, passaram a ressuscitar franquias esgotadas, como Star Trek, ou ainda criar um novo universo televisivo com personagens já conhecidos, vide as novas produções do MCU para o Disney Plus.

▶ **Games.** Muita água rolou debaixo da ponte dos videogames, desde a febre inicial do Atari e fliperamas, passando pelos saudosos cartuchos do NES até chegar na realidade atual multiplayer. Os jogos sempre envolveram muita criação, programação e precisão. Mas os avanços tecnológicos possibilitaram verdadeiras obras primas que, de tão populares e ricas, passaram a fazer o caminho inverso e serem adaptadas para outras plataformas. O precursor Resident Evil é um exemplo, mais recentemente The Witcher e God of War. Porém, jamais nos esqueçamos de como a cultura pop se retroalimenta, como o primoroso game Batman Arkman Nights tornou-se HQ, expandindo a história do próprio jogo. Em tempo: o mercado de games no Brasil movimenta sozinho cerca de 5 bilhões de dólares ao ano.

▶ **Filmes.** A respeito do cinema, a cultura pop gerou um novo fenômeno, que é a criação de universos ou sagas. Tudo começou em 1977 com o sucesso acachapante de Star Wars. George Lucas chamou a sua criação de uma "ópera espacial", que nada mais é do que uma grande aventura com cenários, personagens e enredo cativantes. Após 9 filmes canônicos e uma tonelada de derivados, o filme ofereceu a senha para que outros também expandissem as suas histórias originais, numa enxurrada de trilogias, quadrilogias etc. O ápice foi a criação do MCU, com mais de 20 filmes interligados. Das 10 maiores bilheterias de cinemas dos últimos anos, nove tiveram temáticas geek, seja um longa de animação, fantasia, medieval, de super-herói ou ficção. Só o filme Vingadores: Ultimato faturou quase US$ 3 bilhões, tornando-se o longa mais rentável de todos os tempos. Ainda que várias sagas sejam dispensáveis e esquecíveis, uma parte delas será como Star Wars, marcando gerações: você vai assistir, os seus pais já viram, e os seus filhos também assistirão...

Olhando especificamente para o Brasil, mesmo passando por crises e instabilidades econômicas, os números do mercado de cultura pop em nosso país sempre estão de vento em popa. No cenário pré-pandemia, o setor crescia mais no Brasil do que a média mundial, algo em torno de 6,5% ao ano. Uma prova deste crescimento é a quantidade de eventos e convenções temáticas que surgiram, com destaque para a Comic Con Experience, a CCXP. Promovida pelo grupo Omelete, em apenas seis anos de existência já se tornou maior em termos de público do que a mais tradicional do gênero, a San Diego Comic Con. Ponto para o Brasil!

O grupo também promoveu uma pesquisa chamada "Geek Power", a mais abrangente feita a respeito do perfil do público brasileiro geek, com mais de 3 mil pessoas. Os números são impressionantes:

- 55% leem sempre ou frequentemente histórias em quadrinhos;
- 33% adquire o material em bancas, enquanto 26% via internet e outros 24% em livrarias;
- 67% declaram que leem livros sempre ou com frequência (3x acima da média nacional);
- 38% têm até 24 anos; 40% entre 25 e 34 anos e 22% entre 35 e 54 anos;
- 56% têm ensino superior completo ou cursando;
- 86% falam inglês e 30% espanhol;
- 59% se interessam em desenvolver um negócio próprio e 41% tem o hábito de investir dinheiro;
- 91% acessa as redes sociais todos os dias, 78% lê conteúdo de blogs e sites de notícias diariamente; 45% vão ao cinema duas vezes por mês;
- 94% assinam serviços de streaming, como Netflix, Amazon Prime, HBO Go e outros.

Ignorar esses números seria uma completa insanidade. Eles estão nos falando algo a respeito do comportamento de nossa sociedade contemporânea e a sua relação com a indústria do entretenimento. E, convenhamos, não é um público pequeno nem despreparado. Mais do que nunca, as pessoas estão em busca de uma diversão que não as exigem grandes esforços físicos e (principalmente) mentais. Devemos sim estimular a produção de arte mais elaborada, mas se quisermos tocar no maior público possível teremos que fazer sérias concessões na forma de comunicação, e dialogar com este público.

A cultura pop tornou o mundo menor e mais parecido, ao mesmo tempo que permite falar a mesma coisa para diferentes culturas, derrubando as barreiras geográficas, sociais e culturais. O interessante é que, a cada doze cristãos no mundo, um é brasileiro. O nosso país possui um terço de população evangélica, mais de 60 milhões de pessoas. Está demorando demais para que os cristãos abraçarem a cultura pop e o público que a consome, revelando a Cristo na linguagem que essa geração possa compreender.

sagrado vs profano

A Bíblia simplesmente não faz qualquer distinção entre o secular e o sagrado. Todas as coisas pertencem a Deus. As demandas de Deus caem sobre todos os homens, crentes e descrentes. Seus mandamentos são válidos em todas as ocasiões e situações. Deus é a fonte de tudo que verdadeiramente tem valor.

Infelizmente, uma parte considerável de cristãos acostumou-se a uma artificial batalha entre o sagrado e o profano. Estamos em uma criação caída, sob o pecado, mas cabe a nós, servos fiéis, exercermos o domínio que nos foi outorgado por Deus, para a sua glória. Por muito tempo na história, a arte em geral tinha como objetivo final falar a respeito de Deus. Música, literatura, escultura e pintura expressavam aspectos de Deus e representações bíblicas.

A partir do Renascimento italiano, de maneira mais efetiva, e gradativamente, a arte foi segmentada e dividida entre uma arte "cristã" ou "sacra", ou uma arte "secular" ou "profana". Esta divisão entre o sagrado e o profano foi revista no último século por diversos teóricos cristãos, que apontaram para a dificuldade em separar as expressões artísticas nestes moldes. Entre os argumentos que questionam esta diferenciação, podemos citar de maneira bastante resumida:

▶ **O homem foi criado à imagem e semelhança de Deus.** Portanto, existe uma semente de eternidade plantada no coração do ser humano. Neste sentido, é possível encontrar pistas a respeito de Deus em expressões artísticas que não recebam o rótulo explícito de cristão ou "gospel".

> *"Assim Deus criou o ser humano à sua imagem, à imagem de Deus o criou, homem e mulher os criou". Gênesis 1:27*

▶ **O pecado deturpa a percepção do divino.** O pecado mancha o entendimento do homem, afastando-o do Senhor. Ao mesmo tempo em que existe uma impressão divina na obra humana, há também a tentativa de desprezar princípios bíblicos através da cultura e da arte. Cabe a nós diferenciá-las com sabedoria!

> *"Pois todos pecaram e carecem da glória de Deus". Romanos 3:23*

▶ **Não existem espaços sagrados e profanos na vida do cristão.** A nossa vida deve refletir Cristo para a sociedade. Quer você esteja na igreja, no trabalho diário, em casa ou no cinema, você não sai da Presença de Deus por mudar de ambiente. Ao contrário, torna-se Embaixador do Reino e, sendo assim, sua vida já é sagrada em todos os aspectos.

> *"Portanto, se vocês comem, ou bebem ou fazem qualquer outra coisa, façam tudo para a glória de Deus".* 1 Coríntios 10:31

Algumas vezes, nos enganamos achando que existem "dois mundos", o espiritual e o natural, e que supostamente deveríamos viver no "mundo espiritual". Mas existe um só mundo, este que Deus te chamou e te colocou para fazer a diferença e ser espiritual no mundo natural. Afinal, nunca foi sobre mim ou sobre você, mas tudo tem a ver com Ele, conforme diz o apóstolo Paulo aos Romanos, no final do capítulo 11:

> *"Ó profundidade das riquezas da sabedoria do conhecimento de Deus. Quão insondáveis são seus juízos e quão inescrutáveis os seus caminhos. Porque quem compreendeu o intento do Senhor? Ou quem foi seu conselheiro? Ou quem lhe deu primeiro a ele, para que lhe seja restituído? Porque dele, e por Ele e para ele são todas as coisas. Glória, pois a Ele eternamente, amém."*

Temos que nos conectar a Cristo, e desta forma nos conectar a esse único mundo em que vivemos. Tão ou mais desafiador do que se conectar a Cristo é manter essa conexão. Nunca foi intenção dEle nos tirar do contato com o mundo, mas a de permanecermos no mundo, justamente conectados a Ele.

> *"Não peço que os tires do mundo, mas que os livres do mal"*, **João 17.15**

O nosso desafio só começa quando recebemos Jesus em nossos corações e o apresentamos às pessoas ao nosso redor. Precisamos compartilhar as bênçãos com os irmãos no dia a dia da igreja, e também em todos os demais lugares. Se Cristo é aquele que transforma a cultura, nós somos seus agentes de conexão, de transformação.

cultura e igreja

A Igreja não é apenas uma instituição ou um agrupamento de cristãos individuais. Ela não se manifesta apenas no ambiente eclesiástico, mas em todas as esferas da vida em que os seres humanos vivem, trabalham e se divertem. Por isso, é necessária uma melhor compreensão do que ela representa no mandato de servir a Deus e ao próximo em cada chamado e ambiente cultural. Podemos ter clareza com a leitura do livro de Atos: dos capítulos 1 a 14 temos a construção da primeira igreja e o avanço de suas características. E no capítulo 15 temos o clímax desse processo, que é a primeira reunião da igreja global – isto é, as igrejas de várias regiões daquele tempo.

Atos

"Então alguns que tinham descido da Judéia ensinavam assim os irmãos: Se não vos circuncidardes conforme o uso de Moisés, não podeis salvar-vos. Tendo tido Paulo e Barnabé não pequena discussão e contenda contra eles, resolveu-se que Paulo e Barnabé, e alguns dentre eles, subissem a Jerusalém, aos apóstolos e aos anciãos, sobre aquela questão. E eles, sendo acompanhados pela igreja, passavam pela Fenícia e por Samaria, contando a conversão dos gentios; e davam grande alegria a todos os irmãos. E, quando chegaram a Jerusalém, foram recebidos pela igreja e pelos apóstolos e anciãos, e lhes anunciaram quão grandes coisas Deus tinha feito com eles. Alguns, porém, da seita dos fariseus, que tinham crido, se levantaram, dizendo que era mister circuncidá-los e mandar-lhes que guardassem a lei de Moisés. Congregaram-se, pois, os apóstolos e os anciãos para considerar este assunto. E, havendo grande contenda, levantou-se Pedro e disse-lhes: Homens irmãos, bem sabeis que já há muito tempo Deus me elegeu dentre nós, para que os gentios ouvissem da minha boca a palavra do evangelho, e cressem. E Deus, que conhece os corações, lhes deu testemunho, dando-lhes o Espírito Santo, assim como também a nós; e não fez diferença alguma entre eles e nós, purificando os seus corações pela fé. Agora,

15:1-21

pois, por que tentais a Deus, pondo sobre a cerviz dos discípulos um jugo que nem nossos pais nem nós pudemos suportar? Mas cremos que seremos salvos pela graça do Senhor Jesus Cristo, como eles também. Então toda a multidão se calou e escutava a Barnabé e a Paulo, que contavam quão grandes sinais e prodígios Deus havia feito por meio deles entre os gentios. E, havendo-se eles calado, tomou Tiago a palavra, dizendo: Homens irmãos, ouvi-me: Simão relatou como primeiramente Deus visitou os gentios, para tomar deles um povo para o seu nome. E com isto concordam as palavras dos profetas; como está escrito: Depois disto voltarei, e reedificarei o tabernáculo de Davi, que está caído, levantá-lo-ei das suas ruínas, e tornarei a edificá-lo. Para que o restante dos homens busque ao Senhor, e todos os gentios, sobre os quais o meu nome é invocado, diz o Senhor, que faz todas estas coisas, Conhecidas são a Deus, desde o princípio do mundo, todas as suas obras. Por isso julgo que não se deve perturbar aqueles, dentre os gentios, que se convertem a Deus. Mas escrever-lhes que se abstenham das contaminações dos ídolos, da fornicação, do que é sufocado e do sangue. Porque Moisés, desde os tempos antigos, tem em cada cidade quem o pregue, e cada sábado é lido nas sinagogas".

Dessa discussão narrada nos versículos acima, surgiram as marcas da Igreja que devem ser cultivadas inclusive nos dias de hoje. A Igreja de Jesus é necessariamente **transcultural**, ela pode se adequar a qualquer cultura, pois a igreja as transforma através de Cristo, como vimos anteriormente. Podemos identificar essa marca no diálogo do capítulo 15 do livro de Atos. Um pequeno grupo foi para a região de Antioquia, e dizia que os gentios tinham que se circuncidar, exigindo obediência à lei mosaica. O que eles estavam dizendo era que a salvação dependia não apenas de entregar a vida para Jesus, mas também de rituais de sua própria cultura, sacralizando-os. A Igreja de Jesus é **livre**, pode receber qualquer pessoa sem as amarras que determinadas culturas impõem.

No livro de Apocalipse, Deus fala de diferentes povos, línguas e nações. É porque Ele não está preso a nenhuma forma de cultura. No entanto, muitos tentam impor ao outro a sua cultura, até mesmo a cultura religiosa, entre os próprios cristãos: "A minha teologia é **a** sagrada, se a sua fé é diferente da minha, então que você morra!". Não existe uma língua sagrada, roupa sagrada ou teologia sagrada. Somos salvos somente pela graça do Senhor Jesus. A cultura é apenas o veículo, Jesus usa as culturas, mas Ele não está preso a nenhuma delas.

A Igreja de Jesus é uma **comunidade avalizada pelo Espírito Santo.** Durante uma discussão, o apóstolo Pedro disse que o Espírito Santo também agia através dos gentios e isso bastava. Quem define quem é o meu irmão não é o meu irmão, mas o meu Pai. Jesus disse para Nicodemos, em João 3, que o Espírito Santo é como um vento que sopra para onde ele quer.

A Igreja é uma comunidade **enraizada nas escrituras.** A Bíblia é o parâmetro que nós temos para entender como Deus age, faz e conduz. Ela é o padrão para as ações da igreja. Precisamos ser a comunidade da Palavra, que a lê e a pratica. E só podemos definir o modelo de uma comunidade pelas escrituras. Existe uma conspiração no mundo das trevas para não conhecermos as escrituras. Quando afirmamos as escrituras, estamos afirmando que há uma continuidade da história. A história da qual Deus irá falar sempre, inclusive das formas pelas quais Ele já falou. É só observarmos que nenhum avivamento aconteceu sem um movimento intenso de retorno para o estudo e a compreensão da Bíblia. Quando queremos ouvir a voz de Deus, e para isso basta simplesmente nos voltarmos à Palavra.

Portanto, a Igreja de Cristo tem como marcas ser transcultural, livre, uma comunidade guiada pelo Espírito Santo e pela Palavra de Deus estabelecida através das Sagradas Escrituras.

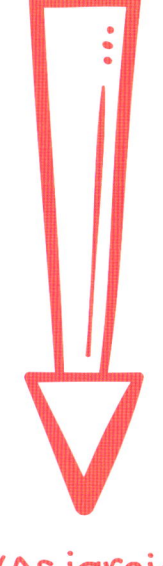

"As igrejas devem se empenhar em enriquecer e transformar a cultura local, tudo para a glória de Deus"
— Pacto de Lausanne

consumindo cultura pop

A realidade da cultura pop é que absolutamente ninguém está imune à influência dela, e muitos se perguntam o que podem assistir, ler ou consumir. Mas antes, é necessário deixar de lado os nossos achismos e opiniões preconcebidas. Precisamos reconhecer que a cultura pop é importante para todos os cristãos, porque é importante para as pessoas com as quais queremos nos comunicar. E ainda desenvolver a nossa sensibilidade de enxergar a arte, as mídias e a cultura como um todo da forma como Deus enxerga.

Aqui, vamos referendar diretamente a obra "Cristo e a Cultura", de Richard Niebuhr, na qual o autor mostra as maneiras pelas quais o cristianismo pode se relacionar com a cultura, e assim nos ajudar:

- **Cristo contra a cultura.** Essa posição considera que toda a arte é mundana ou maligna, portanto, incapaz de ser conciliada com o cristianismo. A única atitude possível seria simplesmente rejeitar aquilo que vem da cultura pop, e isolar-se totalmente de qualquer possível contaminação;

- **Cristo da cultura.** Aqui a ideia é oposta à anterior, aceitando sem pudor que o cristianismo seja compatível com qualquer cultura. Ou ainda, que Cristo pode adaptar-se à cultura em que está inserido. Exemplificando, cada grupo "aceita" Jesus na roupagem que melhor lhe convém, com a finalidade de torná-lo defensor de sua própria ideologia. Para alguns, um ardoroso feminista, para outros um socialista contra todo sistema de governo...mas também tem o Jesus punk, hippie, ambientalista etc. É uma posição acrítica e passiva, somado ao engano de que não é Jesus que precisa se adaptar às nossas vontades, ideias e valores. Nós é que precisamos abrir mão de tudo e segui-lo;

- **Cristo acima da cultura.** Nesta perspectiva, Cristo está distante ou indiferente às questões mundanas, como a produção cultural. Então, cada um estaria livre para seguir a sua própria consciência. No entanto, Deus criou todas as coisas e se importa com cada uma delas. Ele jamais se isenta de qualquer assunto. E isso fica bem claro em cada trecho da Palavra, que revela a Sua intervenção e interação constantes na humanidade. Ao ponto de tornar-se homem e andar entre nós;

- **Cristo e cultura em paradoxo.** Já neste modelo, Cristo é colocado em tensão permanente com a cultura. É inevitável que o pecado também permeie a cultura, embora sempre haverá simultaneamente a ação da graça de Deus, revelando aspectos positivos em toda forma de arte. Essa abordagem parte de uma premissa verdadeira, mas oferece a justificativa de "guerra cultural" que alguns líderes amam, disseminando o ódio e uma batalha interminável contra tudo e contra todos. Deus é amor e paz, e nunca nos estimula a atacar o pecador, ele repudia somente o pecado. Portanto, essa visão combativa e maniqueísta só desagrega e atrapalha a evangelização;

- **Cristo transformando a cultura.** Cremos que esta relação é a mais bíblica, saudável e eficaz: Cristo transformando a cultura. O próprio Jesus disse em uma de suas orações que "*Não quero que os tire do mundo, mas os livre do mal.*" A cultura é criação divina e, ainda que o pecado possa contaminar, é possível redimir a cultura e recapturá-la ao senhorio de Jesus Cristo.

Sem desconsiderar a queda e o pecado, mas ciente de que a criação era perfeita antes da queda, como cristãos não podemos mais abandonar a cultura, como ocorreu por tanto tempo. Nós fomos criados à imagem e semelhança de Deus, e por isso carregamos sempre a sua natureza, como projetados pelo Criador. Até para o pior dos pecadores há chance de arrependimento. Por isso, parte da cultura produzida pelo homem, assim como o próprio homem, terá alguma beleza e bondade.

Nesta posição, não há divisão entre o sagrado e o profano – essa é uma dicotomia católica que, de forma bem equivocada, afirma que na Igreja fazemos atividades sagradas e no mundo as atividades profanas. Ou seja, orar é algo sagrado, mas construir um prédio e ser um engenheiro seria profano. Para quem pensa desta maneira, lançamos um desafio: viver uma semana sem usufruir de qualquer tipo de produto ou serviço considerado mundano. A divisão bíblica é esta: quem está em Cristo é santo, e a tudo santifica ao redor. Quem está em pecado deve se submeter à santificação.

E quanto a arte, qual obra artística é "aceitável" para o cristão? Bem, exigirá uma boa dose de discernimento e escolha pessoal. O teólogo Hans Rookmaaker declara que **a arte não precisa de justificativas**. Isso quer dizer que a arte não tem um valor por causa de sua utilidade, mas porque Deus fez dela um meio para espelhar Sua própria beleza. O próprio Deus deu ao homem o talento artístico e este possui valor intrínseco, pelo simples fato de ter sido dado por Deus. Portanto, não necessita justificar-se por meio das funções que eventualmente exerça, por mais importantes que sejam.

> "Toda a boa dádiva e todo o dom perfeito vem do alto, descendo do Pai das luzes, em quem não há mudança nem sombra de variação". **Tiago 1:17**

Como cristãos, não precisamos temer nem lutar contra a cultura, e sim reter o que nos pode ser útil, sequer consumir aquilo que afronta a Bíblia, e promover uma cultura pop do Reino que gere impacto na sociedade. Uma coisa é certa: a cultura não deve ser encarada passivamente, somente como mero entretenimento. Quando possível, e se estiver alinhado com o nosso chamado específico, precisamos ser cristãos produtores de cultura.

E todo o cristão pode e deve ser um verdadeiro crítico cultural, usando a lente da Palavra de Deus. Por meio dela, enxergarmos qual é a cosmovisão predominante que aquele produto cultural está nos comunicando. Mas sem o radicalismo de abraçar toda e qualquer forma de arte, como se tudo possa ser identificado com o Evangelho automaticamente; nem também rotular como se tudo fosse fruto das traves. Para evitar os extremos, diversos autores cristãos trabalham com a tese dos "3Rs" (Receber, Rejeitar e Redimir), que é bem útil e vamos aqui adotá-la com ligeiras adaptações:

- **Receber, consumir ou contemplar.** Há coisas na cultura que são parte da graça comum de Deus a todas as pessoas podem tranquilamente contemplar, consumir ou receber. É por este motivo que você pode apreciar sem restrições a pintura "Uma Noite Estrelada" de Van Gogh, a Nona Sinfonia de Beethoven ou o nosso querido seriado Chaves. E também por isso que você usa celulares e computadores fabricados por uma empresa não cristã. Assim como a sua camiseta preferida de super herói. Nessa categoria, podemos incluir todos os produtos artísticos e culturais que não possuem qualquer transmissão de valores que afrontem as Escrituras;

- **Rejeitar ou combater.** Existem coisas na cultura que são pecaminosas e, nestes casos, de fato não há conciliação possível. Por sinal, não apenas rejeitar mas também combatê-las. Por exemplo, para algumas culturas o infanticídio é considerado como uma tradição, mas evidentemente que se trata de uma violação da vida, intolerável segundo a Bíblia. Não há como aprender algo ou reter o que é bom, já que rompe totalmente com os valores cristãos. Outro exemplo que, infelizmente, movimenta uma indústria particular é a pornografia que, à luz da Palavra, só cabe rejeitar totalmente.

- **Redimir ou reter.** Existem muitas produções culturais que não são totalmente nocivas, mas tampouco são neutras. Dotadas de alto alcance e popularidade, bem como de excelência técnica, elas se comunicam com a maior parte das pessoas, em escala global. Ou seja, é a descrição de toda a cultura pop. Nesse caso, porque valores positivos alinhados com as escrituras estão misturados com diversos valores da pós-modernidade, podemos vestir a capa de crítico cultural. Jamais consumir inocentemente, como se não houvesse qualquer influência de uma outra cosmovisão. Mas podemos fazer a nossa aplicação pessoal e lançar o holofote da Palavra de Deus sobre aquilo que é bom.

Certamente, a nossa vida geek cristã seria mais fácil se houvesse uma extensão para ser instalada na sua plataforma de streaming com um "crentômetro". A cada cena mais sensual ou sangrenta, ela seria ativado, avançando sobre os trágicos segundos que nos assolam. Ou ainda, caso o filme fosse ainda mais pesado, quem sabe o filtro já bloquearia o conteúdo integral. Como essa ferramenta não existe, a chave é usar o nosso discernimento para decidir quais partes da cultura devemos receber, o que devemos rejeitar e aquelas que podem ser redimidas. As decisões que precisam ser feitas não são preto no branco. Há inúmeros tons de cinza – ou seja, existem benefícios e prejuízos que devemos ponderar. Seguir a Cristo é manter um relacionamento com Deus que nos concede a capacidade de tomar as melhores decisões para uma vida centrada em Cristo, que o glorifica em tudo o que fazemos. Se substituirmos esse relacionamento por uma tentativa de seguir um código de conduta - um esforço que está fadado ao fracasso - perderemos o ponto completamente. Deus nos concedeu o livre arbítrio para honrarmos o Seu nome quando usamos o discernimento, consultando a Palavra e com consideração fervorosa para fazer a escolha certa: a escolha que traz glória a Deus.

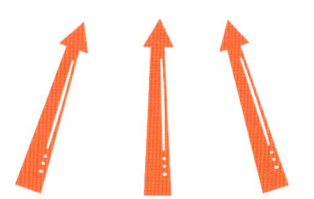

mandato

Cada cristão é chamado para ser um missionário e se envolver na comunicação das Boas Novas. Esse chamado não está necessariamente vinculado a uma missão transcultural em outro continente. Embora esse tipo de missão seja extremamente importante, a maioria das pessoas não terá essa experiência. Afinal, a sociedade precisa de missionários na área da saúde, nas salas de aula, na agricultura, na área de transportes, nas edificações...

Quando Deus começou a Criação, ele estabeleceu uma aliança com a humanidade, cujos propósitos e parâmetros são definidos por Ele. Essa aliança inclui três diferentes mandatos, comuns a todas as pessoas: o mandato espiritual (o seu relacionamento com o Criador), o mandato social (o seu relacionamento as pessoas) e o mandato cultural (o seu relacionamento com a sociedade). Acontece que, a partir destes mandatos, cada um desenvolve o seu chamado de forma específica e particular. Infelizmente, há uma dificuldade grande no cumprimento do mandato cultural, e mais especificamente dos vocacionados para as artes.

Afinal, Ele chamou as suas criaturas, portadores de sua imagem, para a tarefa de produzir uma cultura que reflita a sua glória. Pela graça comum de Deus, a arte sempre esteve presente, de forma variada, em todas as formas de cultura. A arte é uma obra de Deus, que o diabo distorceu, pois ela se inicia na beleza expressa em toda a Criação. As culturas corrompidas só serão redimidas se receberem mais e melhores produtos artísticos, apontando os valores do Reino em meio ao turbilhão de ideias e artefatos culturais que somos inundados diariamente. Para tal nobre e desafiadora tarefa, precisamos de mais artistas cristãos para

cultural

resgatar as artes de um domínio que claramente se opõe a Cristo.

É importante entender que não só as letras de determinadas músicas que têm uma cosmovisão não-cristã, mas a própria harmonia pode ter sido criada para afetar alguém de maneira imprópria. Não devemos imitar o mundo na nossa arte, mas buscar uma inspiração genuína direto de Deus, que está à nossa disposição, para nos presentear com ideias novas e melhores do que as pessoas estão recebendo de outras fontes.

Para cumprir esse chamado para as artes, podemos aprender algumas coisas muito interessantes com os missionários transculturais. Um dos aspectos de sua preparação é o de se aprofundar no aprendizado da cultura em que eles vão se inserir. Outro aspecto vital é não apenas de conhecer a cultura, mas também as próprias pessoas e comunidades que se quer alcançar. E, se tem uma trincheira transversal, em que tanto um estudante quanto um advogado ou também um caixa de supermercado podem atuar com eficácia de forma missionária é o campo cultural.

Da mesma forma que Jesus ensinou por meio de parábolas, os missionários que conhecem a história, os costumes e as lendas de um grupo de pessoas podem usar esse conhecimento para fazer um paralelo com o Evangelho de Cristo, apresentando-o de forma significativa e compreensível para essas pessoas. Paulo fez isso com maestria, ao pregar publicamente no areópago em Atenas (Atos 17.17-31). Embora estivesse em um ambiente totalmente pagão, ele não começou atacando ou desaprovando as crenças deles. Pelo contrário, com prudência, sabedoria e preparo intelectual, conduzido pelo Espírito Santo, Paulo aproveitou cada trecho do seu discurso para contextualizar os elementos da cultura e filosofia deles à luz do Evangelho.

Por mais que você não seja um geek e está lendo este livro para entender mais do assunto, o universo da cultura pop é uma oportunidade ímpar de comunicar a graça de Deus e o amor de Jesus Cristo - que morreu voluntariamente para que pudéssemos ser salvos. Quantos super heróis não se sacrificam para salvar o mundo, nos quadrinhos e no cinema? Muitos deles tiveram como fonte de inspiração dos seus autores a própria Bíblia. Agora é a hora de fazermos o caminho inverso: utilizá-los como inspiração para que mais pessoas conheçam a fonte de toda a inspiração.

Chamada

A cultura pop alcançou todo o mundo, com uma arte pasteurizada que não te desafia a pensar. A produção que emana do pop se especializou em entregar uma gratificação imediata e superficial, para que você que não tenha a necessidade de refletir ou analisar com profundidade.

As revoluções tecnológicas tampouco nos ajudaram nesse processo, pois nos conduziram pouco a pouco para um novo mundo onde a arte, a religião e as instituições vivem em estado permanente de contestação. A experiência tangível ou presencial foi sendo substituída pelo virtual. Você não precisa de qualquer envolvimento ou compromisso, basta consumir o que quer, quando quer, no seu momento desejado e da forma que você customizar.

Mas isso não significa que o cenário seja de todo negativo, pelo contrário.

A pós-modernidade trouxe con--sigo uma resistência às religiões institucionalizadas, o que não significa que a espiritualidade tenha sido suprimida. Um rápido olhar para letras de músicas, temas de seriados, narrativas cinematográficas, eventos populares e hábitos cotidianos atesta isso. Nos recursos e práticas da cultura pop as pessoas buscam orientação e significado, procuram referências para seus estilos de vida e respostas para questões existenciais.

Uma arte cristã relevante certamente usará as artes para dar cor, movimento, palavras e sons ao amor de Deus, respondendo aos anseios dessas milhões de pessoas que tem buscado orientação para suas crenças e dúvidas. Diante disto, precisamos abraçar o chamado cultural específico, saindo da posição de afastamento ou alienação nessa esfera. Para que haja uma verdadeira transformação, precisamos cultivar uma fé integral, sem limites para o senhorio de Cristo. E isso inclui todos os produtos culturais.

O processo de comunicação do Evangelho não é eficaz se for isolado da cultura das pessoas que entregam a mensagem, ou da cultura de quem vai recebê-la. A contextualização da Palavra de Deus é fundamental para diminuir ou eliminar as barreiras culturais à comunicação do Evangelho. Ela é importante inclusive para aumentar a nossa sensibilidade diante dos nossos interlocutores, na proclamação da mensagem. O ato de contextualizar é criar uma ponte entre duas culturas, baseada em aspectos comuns que tais culturas possuam. Dessa maneira, o Evangelho pode soar relevante para uma cultura que o desconhece.

Há várias maneiras de ser um agente de transformação da sociedade na esfera cultural. A primeira forma é acessível a todos, tornando-se um geek cristão. A gente ainda não conseguiu mapear o DNA das pessoas que conseguem ser especialistas em tudo, mas se não for o seu caso, eleja pelo menos uma expressão artística para você se aprofundar. Por exemplo, os seriados de televisão de ficção científica – talvez se torne um *trekker*. Você verá que, em pouco tempo, há uma população

> "A busca pela excelência é uma maneira de louvar a Deus"
>
> "Nenhuma obra de arte é mais importante que a própria vida do cristão e todo cristão deve se preocupar em ser um artista nesse sentido. A vida do cristão deve ser algo verdadeiro e belo em meio a um mundo perdido e desesperado"
>
> — Francis Schaeffer

de fãs que debatem incansavelmente os desdobramentos dos enredos em fóruns e comunidades. Sem contar os encontros presenciais e eventos relacionados a este universo. Essas pessoas são demasiadamente apaixonadas por esses temas, investindo uma considerável soma de tempo, estudo e recursos. Eis aí o seu campo missionário. Assim como Paulo, você terá o conhecimento necessário para falar "de grego para grego". De quebra, você fará bons novos amigos, que ainda não imaginam o nível de engajamento quando conhecerem a mais fascinante realidade a qual serão apresentados.

A segunda forma é nos tornando produtores de conteúdo. Não é que não seja acessível a todos, mas evidentemente exige um direcionamento vocacional. Precisamos de apresentadores nas emissoras de televisão que sejam cristãos. Procura-se produtores de cinema em Hollywood com o mesmo perfil. Atores e atrizes de teatro. Dançarinos ou dançarinas. Músicos que estejam nas filarmônicas. Pintores e escultores. Fotógrafos e documentaristas. Ilustradores e roteiristas de quadrinhos. Jornalistas e profissionais de mídia. Enfim, o leque de opções é gigantesco e não queremos ser injustos, ao deixar alguma nobre possibilidade de lado.

Você não precisa produzir uma arte explicitamente religiosa, mas sim impregnada de princípios cristãos. A verdadeira arte nos faz pensar, nos leva a outros níveis de atitude e pensamento. Assim como um profissional administrativo glorifica a Deus quando faz o seu trabalho rotineiro bem feito e dá um bom testemunho, o artista cristão pode testemunhar a Cristo somente com a excelência do seu trabalho.

Em linha com essa posição, Francis Shaeffer no livro "A Arte e a Bíblia", traz alguns padrões bem interessantes, que servem tanto para nós observamos a arte que consumimos, mas principalmente na produção artística que realizarmos:

- ▶ A arte precisa ter excelência técnica – e precisamos reconhecer o talento das pessoas, sejam elas cristãs ou não;
- ▶ A arte precisa expressar algo que Deus criou;
- ▶ A arte precisa expressar a complexidade do mundo que Deus criou;
- ▶ A arte precisa mostrar a beleza do mundo e de Deus para outras pessoas;
- ▶ A arte precisa conter coerência entre a forma e o conteúdo, por exemplo, o que uma música diz precisa ser coerente com sua melodia ou uma tela dramática precisa ter uma escolha de cores apropriada, harmônica com sua obra;
- ▶ A arte não pode ser produzida com a finalidade última de ganhar dinheiro. Isso não quer dizer que ela não possa ser um meio através do qual isso acontece;
- ▶ A arte que reflete uma cosmovisão de algo falso ou imoral não é bela.

Em I Tessalonicenses, capítulos 1 e 2, Paulo nos mostra como Deus quer nos ajudar a nos tornarmos agentes de transformação, exemplo para os demais e inspiração para todos. A carta mostra que a volta de Cristo, que está cada vez mais próxima, deve ser para nós mais do que uma expectativa ou uma esperança, mas um elemento que coloque em nós um profundo sentimento de urgência para a evangelização, aperfeiçoamento dos santos e expansão do reino.

conclusão

geek cristão, você não está sozinho!

A cultura pop deve sim ser uma ferramenta de propagação do evangelho, pois por meio de seu poder de penetração tão eficaz, podemos pregar a palavra de Deus a potenciais milhões de pessoas no mundo todo. Devemos incentivar e fomentar a produção em massa de quadrinhos e mangás cristãos, animes e filmes cristãos, jogos de tabuleiro e vídeo games cristãos, blogs, vlogs e podcasts cristãos. Em resumo, todo o tipo de cultura popular de massa, mas com fundamento na Palavra de Deus. Desta forma, alcançaremos a linguagem do jovem do século XXI de forma muito mais contundente e relevante.

Este livro foi feito para mostrar a você que é possível conciliar o cristianismo com a cultura pop. Por isso, oferecemos neste final o nosso testemunho pessoal, para despertar em você essa realidade – não por questões de mercado, mas numa perspectiva missiológica. Você não está sozinho! Deus está levantando muitos irmãos e irmãs na esfera cultural, e você pode ser a resposta para uma demanda específica, que Ele te forjou e separou para suprir – e só você. Queremos te encorajar mais uma vez a pensar nisso, orar por isso e, tendo plena direção do Pai, se engajar nesta área. Use os seus dons a serviço de uma cultura popular transformadora, e comunicar àqueles que nunca terão oportunidade de ouvir das verdades eternas de outra maneira. Não tenha medo, faça a diferença! Nos vemos por aí nas feiras, salas de cinema, convenções, aplicativos e redes sociais desta vida. Vida longa e próspera!

SINVAL FILHO

Quando adolescente, eu era um ávido colecionador de histórias em quadrinhos. Eu lia tudo o que era publicado no Brasil à época, e ainda garimpava publicações clássicas que estavam esgotadas. Depois, passei a gostar também de cinema, acumulando toneladas de fitas VHS. Era um tempo pré-internet, então além de fazer as contas para saber a minha idade, imagine a dificuldade para pesquisar as obras de referências! Mas já que desenhar não era o meu forte, eu tinha uma vontade enorme de escrever enredos, alguns deles estão preservados até hoje. Ficava imaginando diversos roteiros de quadrinhos, filmes, livros...eram horas e horas de preparação, lendo e estudando todos os clássicos dessas três expressões artísticas. Porém, no final da adolescência, eu conheci o Evangelho. Eu não era evangélico de berço, então pude experimentar aquela conversão de deixar os valores do mundo para trás. Como já era meio autodidata, lia e relia diversas vezes a Bíblia, devorando cada parte dela. Em nenhum momento eu duvidei da ponte entre a Palavra e a cultura de nossa época, mas não via nenhum caminho de pôr em prática os meus planos e sonhos. Na área ministerial, cogitei ser missionário ou pastor, mas Deus foi me conduzindo à liderança ministerial de jovens.

testemunho

Nesse ministério, conheci a minha esposa, que também era líder de jovens, e juntos atuamos por mais de 10 anos ininterruptos como liderança de jovens regional, nacional e até internacional, na denominação a qual pertencíamos. Lá, chegamos até a criar uma jovem agência missionária em âmbito nacional. E a entender profundamente o comportamento, hábitos e perfil da juventude. Em paralelo, me formei em Comunicação Social. Pude trabalhar em rádio, televisão, mídia impressa, teatro, entre outras experiências nesse campo. Porém, no meu coração permanecia o desejo de usar aquela paixão pela cultura pop para o Reino. E tive uma oportunidade de trabalhar com uma editora evangélica na área de marketing. Foi uma pequena porta que me possibilitou a trabalhar como executivo da Associação de Editores Cristãos. E assim, atuando nesse meio, conheci a Livraria 100% Cristão, me tornando amigo do Wilson Pereira, proprietário da loja. Essa amizade gerou uma sociedade, quando ele apostou no meu sonho de fundar uma empresa de cultura pop cristã, começando como editora. Isso foi em 2013, mas olhando no retrovisor parece loucura ter feito tal movimento naquele momento, pois o Brasil entrou numa crise brava e os primeiros anos foram particularmente difíceis. O preço pessoal no início foi muito alto, já que tinha que conciliar com outras atividades para sobreviver. Porém, toda vez que pensava em desistir, olhava para o que Deus tinha feito na minha história. E lembrava daquele adolescente que devorava quadrinhos e cinema, sonhando em fazer algo relevante. Recordava da minha conversão – e de como queria ver as multidões tomarem conhecimento de quem Jesus é. Eu sabia que, se desistisse ali, Deus não me abandonaria, porém eu nunca saberia o final do enredo. Já abandonou uma série de TV com roteiro meio arrastado, mas que posteriormente todos afirmam que engrena nos últimos episódios, tendo um dos melhores finais de todos os tempos? Pois é, ainda que a história não tenha acabado, eu teria desistido antes que você pudesse ter acesso a estes e outros materiais de cultura pop cristã. Muito antes de colher os frutos – e que frutos – materiais como Turma da Mônica, 3 Palavrinhas, Bíblia Kingstone, Devocional Pop, só para mencionar alguns dos mais relevantes que fizemos. Nesses anos de Editora 100% Cristão, nos tornamos a única na América Latina especializada em cultura pop cristã. Lançamos mais de 100 produtos, entre quadrinhos, livros, jogos de cartas, jogos de tabuleiro, bíblias, devocionais etc. Ainda tem muito mais para inovar, vários sonhos que ainda não saíram do papel, além do inesperado que Deus proporciona. Eu não planejei uma editora, mas tinha uma paixão, busquei o preparo, me consagrei, servi ministerialmente e resisti muito tempo nas adversidades. Mas foi o Senhor quem me conduziu para essa posição, na qual todas as etapas me forjaram a chegar até aqui. Eu não sei qual é a rota específica da sua vida, e talvez você ainda não saiba, mas para quem sonha em produzir cultura pop, eu digo: para o alto e avante! Com Cristo, o céu é o limite.

> Sinval Filho é jornalista, teólogo e Bacharel em Comunicação Social, além de pós-graduado com MBA em Gestão de Empresas pela Fundação Getúlio Vargas (FGV). Após vários anos na liderança de ministério de jovens em nível nacional e internacional, passou a atuar no mercado editorial em diversos segmentos. Geek desde criancinha, fundou como sócio a Editora 100% Cristão e, como empreendedor, teve a iniciativa inédita de criar um selo editorial focado no universo geek cristão.

RICHARDE GUERRA

testemunho

No mês do meu aniversário de trinta e cinco anos, tive uma das poderosas experiências com Deus até então. Eu fui tomado por uma forte laringite que me deixou totalmente afônico – como sou professor, fiquei impedido de lecionar e recebi uma licença de cinco dias. Então, decidi ir para o sítio da família, na cidade de Sete Lagoas, onde minha mãe e minha irmã moravam. Eu levei meu filho e aproveitei aquele tempo para oração e meditação. Foi um tempo precioso que marcou profundamente a minha vida. O fato inusitado era que todas as noites quando dormia, tinha um longo sonho onde encontrava com líderes e pessoas do dia a dia e conversava com elas longamente sobre ministério, recebia orientações de como deveria seguir. Eu acordava, passava o dia, e na noite seguinte o sonho continuava de onde havia parado na noite anterior. Eram tantas informações que às vezes, ao acordar, eu tomava o cuidado de anotar tudo. Sem entrar em todos os detalhes, gostaria de resumir que todo o sonho tinha como ideia central que havia chegado o momento de eu me envolver integralmente no ministério, deixar o meu trabalho e abraçar a vocação pastoral. Talvez você ache que seria um momento maravilhoso e fácil, mas eu sou professor e já havia 20 anos que estava na sala de aula (comecei a lecionar em cursinhos aos 15 anos de idade). Eu lecionava numa das melhores escolas do Brasil e tinha uma vida bem estável. Mas o que Jesus estava me informando é que deveria agir como o profeta Eliseu em 1 Reis 19:21. Nesse texto, o profeta Elias chama Eliseu para segui-lo que, convicto da direção de Deus, pega sua fonte de renda que era a junta de bois e a queima, fazendo churrasco com os bois, atendendo ao chamado de Deus. Observe que, com essa atitude, ele implodiu uma possível volta para trás, pois suas ferramentas de trabalho deixaram de existir. A partir dali ele dependeria exclusivamente de Deus em seu ministério. Um desafio e tanto não? Pois isso que Deus me pediu naqueles sonhos, Ele me queria na obra 24 horas, que nada mais me prendesse de servi-lo pastoralmente em minha igreja. Para reforçar, no dia do meu aniversário estávamos em casa comemorando e um grande amigo meu, o pastor Davi Lago, me entregou uma palavra que me inspirou e confirmou o plano de Deus. Diante de tantas e outras situações, só me restava obedecer ou sacrificar. Depois de servir 12 anos na juventude da Lagoinha como pastor voluntário, sentia que estava preparado para dar um passo de fé. Procurei as escolas em que eu lecionava para pedir demissão em pleno mês de maio, o que geralmente é considerado suicídio profissional, e para minha surpresa até os diretores não cristãos me apoiaram e abençoaram a minha decisão, mais uma confirmação de Deus! Então, sem nenhuma certeza do que aconteceria, me apresentei aos meus líderes e me coloquei à disposição para servir integralmente. É verdade que nem todos os dias são ensolarados, mas a cada nova experiência sobrenatural, tenho a confirmação de que não há nada mais maravilhoso do que obedecer a Cristo.

Uma das ações que finalmente pude executar, que era um grande sonho, foi confeccionar minha primeira revista em quadrinhos: Eclesiástico, uma ficção de fantasia que envolve batalha espiritual. Desenhei, roteirizei, investi na diagramação e letramento, além de pagar do meu bolso a gráfica. Coloquei as 400 revistas debaixo do braço e fui na primeira Comic Con Experience (CCXP) apresentar meu trabalho no Artist Alley. Distribui gratuitamente todos e fiquei aguardando as repercussões. Uma semana depois, um importante site de histórias em quadrinhos brasileiro classificou a minha revista como uma das piores HQs da CCXP. Confesso que na hora foi um balde de água fria, mas tinha uma palavra de convicção de Deus a respeito deste projeto. Eu não murmurei e deixei tudo nas mãos do pai. Uma semana depois, o Sinval me ligou, pois havia recebido um dos exemplares e quis saber mais do meu trabalho. Cinco anos depois o Eclesiástico, para honra e glória do Senhor tem dado muitos frutos e foi inclusive finalista do troféu mais importante dos quadrinhos nacionais, o HQMIX. Nunca desista de algo que Deus colocou em seu coração! Todos nós temos um chamado, ninguém pode fugir desta realidade, seja integral ou voluntário, existe uma ação no Reino que Deus escolheu exclusivamente para você fazer. O quanto antes você entender qual é o seu chamado e colocá-lo em prática, mais proveitosa será sua vida aqui na terra. Espero que, como eu fui, você seja ousado para dizer as palavras do profeta Isaías, quando também recebeu o seu chamado:

> *Depois disto ouvi a voz do Senhor, que dizia: A quem enviarei, e quem há de ir por nós? Então disse eu: Eis-me aqui, envia-me a mim.* **Isaías 6:8**

Richarde Guerra é formado em química, foi professor universitário e cientista. Pós graduado e mestre em teologia, pastoreia uma das maiores denominações cristãs do Brasil, a Igreja Batista da Lagoinha, em Belo Horizonte. Amante da nona arte, nerd assumido e escritor com mais e 40 livros, foi finalista duas vezes do Troféu HQ MIX - o mais importante da América Latina no segmento de quadrinhos, pela minissérie Eclesiástico Mangá, obra de ficção lançada pela Editora 100% Cristão. É autor da série evangélica com a Turma da Mônica, Devocional Turma da Mônica 1 e 2, e também do jogo Aprendendo a Bíblia com a Turma da Mônica.

glossário pop

Um glossário dos termos mais usados por geeks, nerds e elfos! Talvez você não se encaixe em nenhuma dessas definições, ou ainda tem muitas dúvidas a respeito do vocabulário mais usado pelos dos fãs de filmes, séries e livros. Alguns termos que usamos ao longo deste livro, além de outros como easter egg ou plot twist, não se preocupe padawan: os seus problemas serão resolvidos nessas derradeiras páginas!

▶ **Anime**. É um dos principais ramos da indústria do entretenimento japonesa, e significa as animações realizadas naquele país. Significa qualquer uso dessas animações, que fizeram do Japão o maior produtos mundial.

▶ **Casa das Ideias**. Um dos apelidos da Marvel Comics.

▶ **Cliffhanger.** É o famoso "gancho" ou final em aberto, criado para obrigar o espectador a assistir ao próximo episódio de televisão, revista em quadrinhos ou até filme.

▶ **Con.** Abreviação de *convention*, que são convenções temáticas onde os fãs da cultura pop se encontram para celebrar, conhecer as novidades ou apenas se divertir.

▶ **Cosplay**. A palavra tem sua origem na expressão inglesa *costume play-dressing*, ou na junção dos temos inglês *costume (fantasia) e roleplay* (brincadeira ou interpretação). *Representa as pessoas que se fantasiam* como personagens da cultura pop, sejam eles reais ou fictícios.

▶ **Cult.** Denominação dada aos produtos da cultura popular que possuam um grupo de fãs ávidos, mas que não é necessariamente tão conhecida. Muitas obras e franquias, inclusive, atingem status de cult depois que suas «vidas úteis» supostamente expiraram. Um bom exemplo são os trekkers, fãs da franquia Star Trek.

▶ **Cultura nerd ou geek.** Termo usado para caracterizar o universo cultual em torno das pessoas que consomem muita tecnologia e outros produtos da cultura pop, como séries, filmes e quadrinhos.

▶ **Deus Ex-Machina.** Esse termo se refere ao artifício mais fácil usado por alguns escritores ou diretores para criar uma solução improvável e completamente aleatória para "salvar" o final da trama. Esse recurso é muitas vezes utilizado quando o escritor ou diretor não pensou em um final para a sua trama e precisa de algo para conclui-la.

▶ **DCEU.** Sigla para o Universo Expandido da DC Comics (DC Extended Universe).

▶ **Dia do Orgulho Nerd ou Dia da Toalha.** É celebrado no dia 25 de maio, mesmo dia em que, em 1977, estreava Star Wars: Episódio IV — Uma Nova Esperança, uma das principais referências nerds de todos os tempos. É também chamado de Dia da Toalha, em referência ao cult "O Guia do Mochileiro das Galáxias", livro que mescla ficção científica com toques de humor. Na obra, a toalha é o objeto essencial para qualquer mochileiro espacial, se tornando um item básico de sobrevivência.

▶ **Easter egg.** O termo não significa ovos de páscoa, mas sim uma referência a um segredo escondido dentro daquele filme ou série.

▶ **Fail.** Gíria usada para brincar com algo que deu errado. *Fail* significa que "falhou", quando alguém se dá mal ou faz alguma coisa de um jeito errado.

▶ **Fanboy ou fangirl.** É a gíria para o fã (ou a fã) dedicado de alguma banda, filme, série, etc.

▶ **Fandom.** A tradução literal seria base de fãs. É a junção das palavras "*fan kingdom*", ou reino dos fãs, se referindo ao grupo de fãs de determinado jogo, músico, banda, livro, filme, ou qualquer coisa que possa ter seguidores.

▶ **Flopar.** Uma das gírias mais usadas no momento, o "flop" se refere a algo que não faz sucesso. Dizer que algo flopou é o mesmo que dizer que havia uma expectativa para que desse certo, mas seja lá por qual motivo, não deu.

▶ **Gadget.** Qualquer dispositivo tecnológico, geralmente portátil. Pode ser um celular, tablet ou outro aparelho.

▶ **Gameplay.** Vídeo mostrando como o jogo é na realidade. Pode ter sido gravado pelo próprio jogador ou disponibilizado pelo fabricante do jogo.

▶ **Geek.** A palavra geek se originou da palavra alemã "gek", usada para falar de alguém maluco demais, ou do inglês "geck", que significa "bobo". A palavra originalmente definia um *nerd* que ganhava a vida profissionalmente com computadores. Aos poucos, passou a significar apenas uma forte ligação com tecnologia.

Basicamente, o *geek* é um *nerd* que está por dentro das novidades do mundo tecnológico. E, claro, muita cultura pp. Podemos considerar que, popularmente, geek e nerd são sinônimos.

▶ **HQ**. Sigla para História em Quadrinhos.

▶ **Hype.** É a promoção exagerada de uma pessoa, produto ou ideia. Quando alguma coisa está muito na moda, ou "dando o que falar", diz-se que tem muito *hype* em cima daquilo. É a empolgação, ansiedade ou expectativa para um filme, série, música, entre outros.

▶ **Lag.** Como é chamada a famosa travada que ocorre em games online por problemas de conexão lenta. *Lag* é uma abreviação da expressão *"latency at gaming"* ("latência no jogo", em português).

▶ **Live stream.** Transmissão de vídeos ou áudio em tempo real pela internet.

▶ **Mangá**. A palavra significa as histórias em quadrinhos criadas tanto em termos de desenho quanto de enredo no estilo japonês. O povo japonês possui forte hábito de leitura e o mangá corresponde a 40% de toda a venda de livros e revistas do Japão, tanto que por lá também significa qualquer história em quadrinhos, mesmo as americanas.

▶ **MCU**. Sigla em inglês do Universo Cinematográfico Marvel (Marvel Cinematic Universe).

▶ **Nerd**. O termo surgiu para designar alguém de aparência esquisita, que adora estudar, é fã de livros e, principalmente, de alguma ciência. Alguns dizem que deriva da palavra "nert", que nos anos 1940 era sinônimo de "pessoa estúpida ou maluca". Existem *nerds* de todos os tipos, mas o que os une é a dedicação extrema pelos estudos, a paixão por ciência e tecnologia, e os demais temas da cultura pop, como quadrinhos, super heróis, séries de TV, animes etc. Podemos considerar que, popularmente, geek e nerd são sinônimos.

▶ **Newbie ou Noob.** Pessoa que está começando no mundo da tecnologia e informática. É uma gíria *geek* originada da expressão inglesa *"new boy"* ("garoto novo"), usada entre os militares norte-americanos para sinalizar um novato na equipe.

▶ **Otaku.** É como são conhecidos os fãs de *anime* ou *mangás*, animações e gibis japoneses.

▶ **Padawan.** Refere-se a um adolescente sensível à Força que treinava na Ordem Jedi para se tornar um Cavaleiro Jedi, em Star Wars. Popularizou-se como sinônimo de novato.

▶ **Prequel.** Refere-se a uma narrativa que se passa no mesmo universo da trama original, mas anteriormente à mesma, com acontecimentos do passado. Pode ou não ter sido planejada, mas sempre é lançada após a trama original.

▶ **Pré-produção.** Fase de criação de roteiro, escolha de locação de filmagens e elenco de uma série ou filme.

▶ **Pós-produção.** Fase de finalização de uma série ou filme, entrando com os trailers, posters, gravações adicionais e efeitos especiais;

▶ **Plot twist.** O termo se refere a uma cadeia de acontecimentos, organizada segundo um modo dramático escolhido pelo autor, que surpreendem o público e se revelam como o grande objetivo do roteiro, designando uma inesperada reviravolta da trama.

▶ **RPG.** Abreviação para *Role Playing Game*. Basicamente, é um estilo de jogo no qual os jogadores assumem os papéis de personagens e ajudam a fazer suas próprias narrativas, tendo total liberdade criativa. As escolhas determinam o rumo que o jogo vai tomar. Pode ser jogado com dados ou com cartas (decks) e sempre tem um mestre, que é o narrador.

▶ **Season.** Forma em inglês da palavra temporada.

▶ **Season finale.** Última temporada de uma série.

▶ **Series finale.** Último episódio da última temporada de uma série.

▶ **Showrunner.** É o termo usado para definir o encarregado pelo trabalho diário de um programa ou série de televisão. Pode ou não ser o criador da produção, mas é o responsável por todas as temporadas vigentes.

▶ **Spin-off.** As chamadas produções derivadas de uma obra, cuja trama é própria e independente a partir de outra produção original, mas situada no mesmo universo.

▶ **Startup.** Empresas de tecnologia que estão começando suas atividades e que possuem um grande potencial de crescimento.

▶ **Streaming.** Forma de distribuição digital de conteúdo, em que as informações não são armazenadas originalmente pelo usuário. Os mais conhecidos são as plataformas de streaming de filmes e séries, mas prepare-se para uma avalanche de plataformas nos próximos anos de todos os tipos

▶ **Teaser.** Vídeo curto de divulgação de uma produção, seja uma série, filme ou jogo.

▶ **Trendy.** *Trendy* é uma expressão que classifica coisas que ficam em alta por pouco tempo. Por exemplo, os *Trending Topics* do *Twitter*, que revelam as coisas que estão sendo mais faladas no momento. Geralmente são acontecimentos envolvendo celebridades, premiações famosas, programas de TV ou jogos de futebol.

bibliografia

BARRS, Jerram. **Echoes of Eden, Reflections on Cristianity, Literature and Arts**. Estados Unidos: Crossway, 2013.

CARD, Michael. **Cristo e a Criatividade – Rabiscando na areia**. Viçosa: Ultimato, 2010.

CARSON, D. A. **Cristo e cultura: uma releitura**. São Paulo: Vida Nova, 2012.

COLI, Jorge. **O que é arte**. São Paulo: Brasiliense, 2008.

GUERRA, Richarde. **Desconforme-se**. Rio de Janeiro: Thomas Nelson, 2015.

GUERRA, Richarde. **O Chamado**. Belo Horizonte: Profetizando Vidas, 2014.

GUERRA, Richarde. **Das Trevas para a Luz**. Belo Horizonte: Profetizando Vidas, 2014.

FEATHERSTONE, Mike. **Cultura de Consumo e Pós-Modernismo**. São Paulo: Studio Nobel, 1995.

FISCHER, Ernst. **A Necessidade da Arte**. Rio de Janeiro: Zahar, 1983.

Horton, S. Michael. **O Cristão e a Cultura**. São Paulo: Cultura Cristã, 2006.

GODAWA, B. **Cinema e fé cristã: vendo filmes com sabedoria e discernimento.** Viçosa: Ultimato, 2004.

LAUSANNE, Comissão de. **O Evangelho e a Cultura - O Homem Secularizado.** São Paulo: ABU Editora, 1998.

KELLNER, D. **A cultura da mídia: estudos culturais: identidade e política entre o moderno e o pós-moderno.** Bauru: EDUSC, 2001.

MEDEIROS, Eduardo. **Bíblia Arte.** São Paulo: Editora 100% Cristão, 2019.

MEDEIROS, Eduardo. **Devocional Pop.** São Paulo: Editora 100% Cristão, 2016.

NIEBUHR, H. Richard. **Cristo e a Cultura.** Rio de Janeiro: Paz e Terra, 1967.

ROOKMAKER, H.R. **A arte não precisa de justificativa**. Viçosa: Ultimato, 2010.

SCHAEFFER, Francis A. **A Arte e a Bíblia**. Viçosa: Ultimato, 2010.

TILLICH, Paul. **Teologia da cultura.** São Paulo: Fonte editorial, 2009.

TURNER, Steve. **Engolidos pela cultura pop: arte, mídia e consumo**. Viçosa: Ultimato, 2013.

FRANCISCO CÂNDIDO XAVIER

No roteiro de Jesus

Pelo Espírito
Humberto de Campos
(Pseudônimo Irmão X)

Organizado por Gerson Simões Monteiro

Copyright © 2007 by
FEDERAÇÃO ESPÍRITA BRASILEIRA – FEB

3ª edição – 8ª impressão – 1,2 mil exemplares – 7/2025

ISBN 978-85-9466-019-0

Todos os direitos reservados. Nenhuma parte desta publicação pode ser reproduzida, armazenada ou transmitida, total ou parcialmente, por quaisquer métodos ou processos, sem autorização do detentor do *copyright*.

FEDERAÇÃO ESPÍRITA BRASILEIRA – FEB
SGAN 603 – Conjunto F – Avenida L2 Norte
70830-106 – Brasília (DF) – Brasil
www.febeditora.com.br
editorial@febnet.org.br
+55 61 2101 6161

Pedidos de livros à FEB
Comercial
Tel.: (61) 2101 6161 – comercial@febnet.org.br

Adquirindo esta obra, você está colaborando com as ações de assistência e promoção social da FEB e com o Movimento Espírita na divulgação do Evangelho de Jesus à luz do Espiritismo.

Dados Internacionais de Catalogação na Publicação (CIP)
(Federação Espírita Brasileira – Biblioteca de Obras Raras)

C198r   Campos, Humberto de (Espírito)

No roteiro de Jesus / [compilação de textos de oito obras do Espírito Humberto de Campos; psicografadas por Francisco Cândido Xavier]; organizado por Gerson Simões Monteiro. – 3. ed. – 8. imp – Brasília: FEB, 2025.

288 p.; 21 cm – (Coleção Humberto de Campos / Irmão X)

ISBN 978-85-9466-019-0

Inclui índice geral

1. Jesus Cristo – Interpretações espíritas. 2. Bíblia e espiritismo. 3. Espiritismo. 4. Obras psicografadas. I. Xavier, Francisco Cândido, 1910–2002. II. Monteiro, Gerson Simões, 1936–2016. III. Federação Espírita Brasileira. IV. Título.

CDD 133.93
CDU 133.7
CDE 80.01.00